MASTERS METHOD

技術・メンタルの高め方&打撃開眼・投手攻略の秘策

打撃力アップの極意

立浪和義 著

廣済堂出版

打撃力アップの極意

はじめに

私はプロ野球の世界で22年にわたり現役生活を続け、試行錯誤しながらも、２５８６試合で打率２割８分５厘、２４８０安打（日本プロ野球歴代８位）、１７１本塁打、４８７二塁打（同歴代１位）という数字を残し、２度のベストナイン、５度のゴールデングラブ賞を受賞できた。長くやってきたからこそわかるのは、１年、２年活躍するだけでは一流打者とは言えないということ。10年、15年と長く活躍し続けてこそ、本物のプロと言える。

打率３割も７回記録し、２００９年に現役を引退してからの私は、解説者としてプロ野球を見る機会に恵まれている。13年には侍ジャパンの打撃コーチを任され、日本を代表する一流打者の技術や心構えを間近で感じることができた。私の大きな財産になっている。

様々なバッターを見るたびに思うのは、「バッティングほど難しい技術はない」ということ。「今さら、なにを当たり前のことを言うんだ」と思われるだろうが、解説者の立場になると、よけいにそう感じる。打率３割以上のバッターでも、10打席のうち６～７打席はアウト。どんな一流打者でも、シーズンのどこかでパタッと打てなくなる時期が来るもので、先週はあれだけ調子が良かったのに、今週は別人……なんてことは珍しくはない。体の疲労具合、弱点を突く相手バッテリーの攻め、様々なタイプのピッチャーとの対戦によって、フォームが徐々に崩《くず》れるのだ。ときには、会心のホームランによって、知らず知らずのうちにバッティングが強引になり、そこから不調に陥《おちい》ることもある。

解説者になってから、「やっぱり、ここが大事だよな」と実感するのは、ピッチャーとのタイミングの合わせ方だ。一流打者は総じて、タイミングのとり方がうまい。より具体的に言えば、「早くゆったり」だ。詳しくは本編で説明するが、始動が早いうえに、「イチ・ニッ・サン！」ではなく、「イチ、ニィィィ〜、サン！」のリズムで間《ま》を作ることができているのだ。「タイミングを制すものがバッティングを制す」と言っても過言ではない。

本書は、私が追い求めてきたバッティング理論に加えて、解説者として外から野球を見る中で得た学びを一冊にまとめたもの。題して、『打撃力アップの極意』だ。１７３センチ70キロと、一般社会でも大きくない部類の私が、なぜプロの舞台で生き抜くことができたのか。気合いと根性だけではどうにもならない世界であり、活躍するためには、なにより技術が必要になる。打撃のレベルアップに対する私の考えを、余すことなく伝えていきたい。

廣済堂出版からは、『攻撃的守備の極意』『長打力を高める極意』『二遊間の極意』『野球センスの極意』に続く、「極意」シリーズの第5弾となる。おかげさまでどの本もご好評をいただいているが、守備、走塁なども まじえて様々な切り口で刊行する中、やはり、バッティング技術を伸ばすためのノウハウや最新の打撃メカニズムを徹底的に知りたいという声を多く耳にするようになった。今回は、そんな方々のご要望に、しっかりおこたえしたいと思う。本書をご覧いただければ、読者の方の打撃能力に合わせて学ぶことができて、おのおの現在よりレベルアップできるはず。また、プロ野球選手たちの具体名を挙げながら説明しているので、彼らが持つ技術の高さを知ることができ、観戦にも役立つだろう。

第1章では、打撃力アップのための体の使い方など、細かな技術を解説。第2章は、メンタル・思考について。バッティングレベルを上げるための相手との駆け引き、スタメンと代打での思考の変化など、外から見ているだけではわからないバッター心理に迫った。第3章では、進化し続けていたり、近年、覚醒したりしたプロの打者をピックアップ。列伝形式で、打撃開眼のポイントを紹介している。第4章では、一流ピッチャーや球種別の攻略法を取り上げた。多くのピッチャーと私の戦いを振り返って、当時の裏話も公開。対戦経験のない現役投手への対峙《たいじ》法も、私が培《つちか》った解説者としての分析も取り入れながら、実際に打席に立つことをイメージして伝授する。最後の第5章では、そこまでに触れられなかった打撃力アップ法をお伝えし、野球少年たちへのアドバイスや全体の総括も行った。

なお、本書は、11年2月出版の『立浪和義 超打撃術』（ベースボール・マガジン社刊）をベースに、大幅に加筆修正・改題したうえで刊行したもの。同書は私が引退してさほど時間がたっていないころに上梓《じょうし》した本で、当時、反響をいただいたが、年月もたち、現在はほとんど入手困難。ただ、私の打撃論を改めて読みたいという方も数多くおられるようで、今回、こうしてグレードアップさせて、生まれ変わった形で出版することができた。旬《しゅん》な話を盛り込み、登場するプロ野球選手名やエピソード、データも更新。元の本には掲載できなかったプレーヤーたちの写真や解説図も数多く収録している。

また、「極意」シリーズでは、私と現役選手らとの対談も好評で、今回のパートナーは、攻守ともに球界トップレベルの坂本勇人《はやと》選手（読売ジャイアンツ）。メディアにはあまり明かすことのないバッティングの考えを、惜しげもなく披露してくれた。坂本選手のことは、彼がプロデビューした年（07年）の中日戦で、代打でセンター前ヒットを打ったときから、「将来、すごい選手になる」と確信めいたものがあり、予想どおり、球界を背負う選手に成長した。こちらは『週刊ベースボール』誌上に掲載された対談を、再編集してお届けしている。

本書を通して、バッティングの奥深さとともに、「こうすれば打てるようになるのか！」というひらめきやヒントを提供することができれば、うれしく思う。

なお、既刊同様に、引退した元選手・元投手についても、現役時代のエピソードを多く扱っていることから、「選手」「投手」という表記にさせていただいていることをご了承願いたい。

立浪和義

打撃力アップの極意　目次

特別対談 前編

第2章　思考力で高める打撃術～メンタル・駆け引きメソッド～……87

第3章 「好打者別」に学ぶ打撃開眼の秘訣～注目バッター列伝～……129

第4章 「一流投手・魔球」攻略法～対戦秘話＆球種別対処のカギ～……145

特別対談
後編

第5章　まだある打撃覚醒のヒント～子どもたちにも伝えたいこと～……213

第1章 「立浪流」打撃力アップの極意～体の使い方の鉄則～

間《ま》の長い「ゆったりバッティング」が重要ポイント

それでは、打撃力をアップさせるポイントについて、順を追って解説していきたい。この第1章では、主に「体の動き」という観点から、説明しようと思う。やはり体の使い方は、バッティングレベルを上げるための極意の中核部分となる。

私はこれまで、野球教室の場で数多くの子どもたちと出会ってきた。その中で、気づいたことがある。

それは、バットが体から離れたところを回っている子どもたちが非常に目立つ、ということ。いわゆる「ドアスイング」という状態だ。

ただし、これは子どもに限った現象ではない。

「バットが外側から遠回りしていますね」

プロ野球のテレビ中継を見ていて、このような解説者の指摘を耳にしたことがある方も少なくないはずだ。つまり、年齢や技術を超えて、プロ・アマ問わず、ドアスイングになってしまうケースがあるということ。

こうお話しすると、「ドアスイングという欠点は、なかなか直しづらいんだなあ」と受け取られるかもしれないが、実はちょっとしたポイントを押さえれば、意外に早く直すことも可能だ。具体的な練習方法については、のちほど説明する。

さて、反復練習によって、ドアスイングが改善されたとしよう。また、毎日の素振りによってパワーがアップし、スイングスピードも速くなったとしよう。

しかし、どんなにいいスイングを身につけたとしても、タイミングが合わないと、ヒットを打つどころか、バットも振れなくなってしまう。

ピッチャーが投げてくるボールに対して、しっかりとタイミングをとる。この「タイミング」こそが、バッティング能力を磨くうえで最も大事なポイントだと言える。

加えてもう1つ、大事なポイントがある。それが「間《ま》」だ。間とは、ピッチャーに対してタイミングをとっていく中で、なくてはならない「一瞬の間合い」のことを指している。

具体的には、バットを構えた状態から軸足にウェイトが乗り、ピッチャー側の足が地面に着くまでのわずかな時間。これを私は「間」と呼んでいる。16ページの写真が、まさにこの瞬間だ。

この「間」が長いバッターはいいバッターである、というのが私の持論と言えよう。

本書のキーワードの1つでもある「ゆったりバッティング」。その「ゆったり」とは「間の長さ」を意味している。最初に、この点をしっかり頭に入れておいていただきたい。

軸足に体重を乗せたら、ゆったりと「間《ま》」をとることで、ボールを手元までしっかり呼び込める。

バットの構えは早すぎず、しかし遅れることなく

基本となる「ゆったり」を理解していただいたところで、バッティング技術向上のための具体的な解説に入りたい。まずは、バットを構えるところから始めよう。

バットを振るうえで、大切なポイントの1つに、「体の軸」がある。しっかりと軸を固定して、その場で回転して打つ。このポイントについてはのちほど説明するが、構えの段階から体の軸を意識しておく必要がある。

自分の頭のてっぺんから地面に向かって、長い串《くし》を刺されているような感覚でバットを構える。まずは、この意識を持ってみてほしい。

もちろん、私も常に頭から串刺しされているイメージでバットを構えるようにした。ところが、試合が終わってビデオを見てみると、たびたび猫背になっていた。自分では真《ま》っ直《す》ぐ立っているつもりなのに、背中が丸まっているのだ。猫背は、バッティングの状態が悪いときに見られる現象だった。

だったら、常にピーンと胸を張って構えていればいいじゃないか、と思われる方もいるだろうが、張りすぎるのも良くない。力《りき》みにつながってしまうからだ。

猫背にならず、かといって力まず。その意識を体に覚えさせるためには、構えを4つの動きに分けて、順番に組み立てていくのがいいと思う。

まず、①バットをキャッチャー側の肩の上に置く。②足を広げて、下半身を固める。スタンスの幅については個人差があるが、肩幅よりやや広めというのが、一般的な幅だと思う。③ピッチャーに顔を向ける。④バットを肩から外し、自分にとって構えやすい場所で構える。

こうして順番に組み立てることによって、自然体の構えができあがるはずだ。ところが、①から④までの動作を「ヨーイドン！」で一気にやってしまうと、どうしても肩によけいな力が入る。構えの段階で力んでしまうと、スイングスピードが遅くなる。

いわゆる「ルーティン」とも呼ばれる動作だが、いつも順番どおりの動きをすることによって、2アウトランナーなしでも、一打逆転サヨナラの場面でも、同じような精神状態でピッチャーと対峙《たいじ》することができる。イチロー選手に代表されるように、各プレーヤーが独自のルーティンを持っているものだが、お決まりの動作を作っておくことは、試合で力を発揮するための大きなポイントとなるだろう。なお、現役時代の私が打席でバットを構えるまでに行っていたルーティンの連続写真を20～21ページに掲載したので、参考にしていただきたい。

また、猫背を防ぐポイントとして、腰からやや上の部分（背中側）に意識を置いて構える、ということを挙げておきたい。場所をわかりやすく説明すると、「前へならえ」のときに先頭の人は腰に手を当てると思うが、このとき、親指が当たるポジション。その付近に意識を持っていけば、力まない範囲で上半身の張りを作り出せると思う。

以上のポイントに注意して、自然体の構えを身につけたとしよう。しかし、実戦においては、まだまだ落とし穴が待っている。

それが、「構え遅れ」だ。構え遅れることで次に説明する「始動」が遅くなり、ピッチャーが投げてくるボールに対して簡単に差し込まれてしまう。ピッチャーは投球でどんどん攻めてくるので、バッターも受け身にならずに攻めていく準備を早く整えることが重要と言える。

とくに、初球に構え遅れるケースが数多く見られる。それを防ぐためには、自分に打順が回ってくるまでにベンチやネクストバッターズサークルで、ピッチャーとのタイミングを合わせておくことが求められる。

私は現役時代の終盤3年半ほど、主に代打で出場していたが、相手チームとの駆け引きもあって、監督が球審に「代打、立浪」とコールするまでベンチの奥に隠れているのが通常のパターンだった。したがって、ピッチャーとタイミングを合わせることには苦労した。

ただし、相手チームが左打者である私の登場に合わせて左ピッチャーをリリーフに送り込んでくることも多かったので、そのときは「よしよし」と思ったもの。なぜなら、投球練習中にタイミングを合わせられるからだ。

立浪和義のバットを構えるまでのルーティン

現役のころ、時期によって、様々なルーティンを試していた著者。この連続写真は、引退する直前の2009年9月19日、ナゴヤドームでの横浜ベイスターズ戦より。1～2で、バッターボックス内の立ち位置とスタンスを決める。よけいな力を入れず、リラックスして構えるための動作が7～12。これを行うことで、猫背になるのを防ぐことにもつながる。14では顔をピッチャーに向け、15でバットを構える。顔の位置を決めることとバットの構えを、別々に行うことで、常に同じ構えを作ることができる。

6
5
4
12
11
10
16
15
14

アマチュア野球では、ネクストバッターズサークルでの素振りが認められていないケースが多いが、そのイニングの先頭打者として登場する場合は、相手投手の投球練習中にスイングができるはず。たとえ事前にバットが振れなくても、目で投球フォームを見て、心の中でタイミングをとる。しっかり攻めの気持ちを作ることで、構え遅れを未然に防ぐようにしよう。

「よし、わかった。打席に入ったらとにかく早く構えて、ピッチャーに向かっていこう！」

私の説明を読んで、こう思ってくれた人も多いはず。ところが、確かに「構え遅れ」という落とし穴は避けられても、実は新たな落とし穴が待ち受けている。それが、「早く構えすぎてしまう」こと。構え遅れだけはしないようにと早く構えた結果、そこからじっとしている時間が長いと、肩など体のどこかによけいな力が入ってしまう。そうなると、やはり「始動」が遅れる。ただし、どんなに自分で「早く構えすぎないように」と気をつけたところで、構えが完了したあとでピッチャーにじっくりボールを持たれると、やはり、よけいな力が入る。私もどちらかと言えば、バットを構えてからじっとしているタイプだったので、「早く投げてくれ！」と心の中で叫んだことが何度もあった。

これはピッチャーとの駆け引きの問題なのでやむをえない面もあるが、まずは自分のリズムとして早く構えすぎないように、なおかつ遅れることなく。実戦ではもちろん、バッティング練習でバットを構えるときから、ぜひこのポイントを意識してみてほしい。

バッターボックス内での立ち位置は、どこにするべきか？

18ページで、バットを構える動作の②として「足を広げて、下半身を固める」と説明したが、そもそもバッターボックス内のどのあたりに立てばいいのか。これについても触れたい。バッターの中には、「変化球は曲がり際のほうが打ちやすい」という理由で、バッターボックスの前方ギリギリ、すなわちピッチャー寄りに立つ人もいる。また、長距離バッターは、「ボールを長く見られるし、手元まで呼び込める」という理由で、バッターボックスの後方ギリギリ、すなわちキャッチャー寄りに立つケースが多く見られる。

私の基本的な立ち位置は、中央よりもややキャッチャー寄りの場所だった。基本的と言ったのは、状況によって微妙に位置を変化させていたからだ。カットボールの曲がりっぱなを叩《たた》こうと思えば、前に出る。逆に、カットボールが曲がりきったところを見極めよう、という狙《ねら》いから後方ギリギリに立ったこともあった。また、そもそもまったくタイミングが合わないピッチャーがいたので、そのときもいろいろ位置を変えることで攻略を試みた。

速いストレートに対応しようと思ったら、後方ギリギリに立つというのが一般的な考え方だと思う。なぜなら、バッテリー間18・44メートルの距離を最大にとることができるため、前方に立ったときよりも、時間の余裕が生まれるからだ。時間にすれば、おそらく0・1秒にも満たない世界だが、ボールを長く見ることができる。

ただ、私にとっては、そのわずかな時間が、とても長く感じられた。後方ギリギリに立つことによって、長く感じる時間を縮めようとしてしまう。結果として、自分からボールとの距離を詰めてしまい、体が前方に流れてしまう、と考えたのだ。それがいやだったので、後方ギリギリのラインからあらかじめ前に出て、中央よりもややキャッチャー寄りの場所に立つようにしていた。これが私の基本的な立ち位置の決め方だった。

みなさんも「なんかタイミングが合わないなあ」と思ったら、いろいろと立ち位置を変えてみることをおすすめする。きっと違った風景が見えてくるはずだ。その中から、自分なりのベストな立ち位置をつかんでいってほしい。

いいバッターの共通点は、スイング始動の早さ

さて、構えが決まったら、いよいよ「始動」だ。私は代打を務めるようになってから、相手チームのバッターの動きをよく観察するようになった。すると、「いいバッター」と呼ばれている選手たちに、1つの共通点があることがわかった。

それは、ピッチャーが動き出したときに、「始動が早い」ということ。始動が早いと、ボールを、しっかり体重が軸足に乗った状態で待ち受けられる。西武ライオンズから移籍してきて、私の現役時代に中日ドラゴンズでチームメイトだった和田一浩《かずひろ》選手などは、始動が早いバッターの代表例と言っていい。今の現役選手であれば、本書に収録している対談の相手でもある読売ジャイアンツの坂本勇人《はやと》選手のほか、東京ヤクルトスワローズの山田哲人《てつと》選手、横浜DeNAベイスターズの宮﨑敏郎《としろう》選手、福岡ソフトバンクホークスの柳田悠岐《ゆうき》選手、中村晃《あきら》選手らも、始動の早いタイプと言える。みな、前足を上げてタイミングをとるタイプだが、早く動き出しながらも軸足に体重を乗せて待てるバッターは、プロの中でもそう多くはない。タイミングのとり方に関して、彼らは天性のうまさを持っている。

逆に、あまり打てないバッターは始動が遅れ、ピッチャーが投げてくるボールに対して差し込まれる、という共通点がある。テレビ中継の解説者が「このバッターはタイミングが遅れていますね」と言ったら、それはだいたい始動の遅れを意味している。

スイングの始動は早く。ただし、そのあと待ちきれずに自分からボールを迎えにいってしまうと、打つことが難しくなる。この注意点については、のちほど私の体験談をまじえて説明する。まずは、始動が遅れないことを意識していただきたい。

スムーズに始動するために、バッターは様々な工夫を加えていく。例えば、バットを構

早めに足を上げ、そこでタイミングをはかったあと、類《たぐい》いまれなパワーで弾《はじ》き返す柳田悠岐選手。

えた状態からピッチャー側の足を小刻みに動かすことによって、リズムをとる。ひところ、野球界でブームにもなった待ち方だ。確かに、構えの段階でどこか体の一部分を動かしていたほうが始動しやすいと思う。いわゆる「動から動」という考え方だ。なお、私自身も「動から動」のタイプで、左のヒジを動かすことによって、スムーズな始動を心がけていた。

現役選手の中で「動から動」がわかりやすいのは、17年に78試合で23本塁打を放ち一気にブレイクし、18年もホームランを量産している埼玉西武ライオンズの山川穂高《ほたか》選手だろう。バットを振り出す前に、少々大げさかなと思うぐらいの動きを入れて、ピッチャーとのタイミングを合わせている。先に紹介した横浜DeNAの宮崎選手にも共通しているところだが、山川選手は前足を上げたときに、バットを持ったグリップが下がる（28ページ写真参照）。これは人間にとって自然の動きで、体によけいな力みが入っていると、なかなかできないものだ。フリーバッティングではできても、いざ試合になると、できないこともある。私は、実戦の中では、なかなかこの動きができなかったものだ。

一方で、「静から動」というバッターもいる。他人の目にはどこでリズムをとっているのかほとんどわからないバッター。例えば、北海道日本ハムファイターズや巨人で活躍し、中日でもプレーした小笠原道大《おがさわらみちひろ》選手（現中日二軍監督）などは、こっちのタイプ。現役なら、東北楽天ゴールデンイーグルスの島内宏明《しまうちひろあき》選手や、千葉ロッテマリーンズの角中勝也《かくなかかつや》

足を上げながらグリップを下げる山川穂高選手。上下の連動によってタイミングをとっている。

選手が、しいて言えば「静から動」。ただ、完全に「静」というわけではなく、小さい動きの中でもピッチャーとのタイミングを合わせるちょっとしたアクションが入っている。そう考えると、近年は「動から動」が完全な主流と言えるだろう。

「イチ、ニィィィ〜、サン!」のリズムで、バットを振ろう

ピッチャーの投球モーションに対してうまく始動できたら、次はテイクバックの動作に移っていく。改めてテイクバックという言葉の意味を調べてみると、ある書物には「強いスイングをするために、バットを後ろに引くこと」と記されていた。

では、その強いスイングをするために、テイクバックではなにが重要になってくるのか。ポイントは大きく分けて2つある。

1つめのポイントは、この章の冒頭でも説明したが、バットを構えた状態から軸足に体重が乗り、ピッチャー側の足が地面に着くまでのわずかな時間、その「間《ま》」をゆったりとる、ということ。それによって、ピッチャーが投げてくるボールを手元までしっかり呼び込むことが可能になり、それが軸回転の力強いスイングにつながる。

ところが、間をゆったりとることができないと、軸足に乗せた体重が早すぎるタイミン

グでピッチャー側の足に移ってしまう。結果として、上半身もピッチャー方向に流れ、いわゆる「突っ込んだ体勢」になってしまうのだ。

では、体が突っ込むと、どういう現象が起きるのか。みなさんもバットを持って実験してみれば、よくわかるはず。自分にとって理想のスイングをしたつもりで、バットを自分のミートポイントまで持ってきてほしい。コースはどこでも構わない。このとき、両腕のヒジはある程度伸びているはずだ。

ところが、バットをそのミートポイントに固定した状態で、上半身をわざとピッチャー方向に倒してみてほしい。バットは誰かに押さえてもらえばよくわかると思うが、どうだろうか。さっきまで伸びていた両腕のヒジが縮こまってしまうはずだ。これが、よく言う「ボールとの距離がとれていない」状態。こうなると、ボールに差し込まれる形となって、打球としては詰まるのがだいたいのパターンとなる。

これは実験なので極端な形を作ってみたが、ひとたび体がピッチャー方向に突っ込んでしまうと、そこからいくらボールを手元まで呼び込んだとしても、結果的に詰まってしまうのだ。

だったら、たとえ体が突っ込んでも、打球が詰まらないように両ヒジが伸びるミートポイントで打てばいいじゃないかと思われるかもしれないが、すでに早い段階から体重はピッチャー側の足に移っているので、ボールに十分なパワーを伝えることはできない。いわゆる「当てただけ」のバッティングになりがちだ。

また、こうしてミートポイントがピッチャー寄りの位置に移っていってしまうと、変化球が来たときに待ちきれず、あっさり体勢を崩され、空振りをする確率が高くなる。

以上、体が突っ込むことによるマイナス部分を述べたが、そうならないために、「間をゆったり」とる方法を解説したい。先ほど「始動が早い」バッターの代表例として、巨人・坂本勇人選手や東京ヤクルト・山田哲人選手らの名前を挙げたが、彼らは「間」についても実にゆったりととれている。球場やテレビでそのバッティングを見れば、軸足に体重が乗った状態でボールを待ち構えるとはどういうことなのか、すんなりイメージできるはずだ。

間をゆったりとる。その感覚をつかむための練習として、数字を3つ、声に出して数えながらスイングしてみるといいだろう。構えの段階で、「1」。バックスイングに移行し、軸足に体重を乗せたところで、「2」。そしてピッチャー側の足を踏み出し、バットを振りながら、「3」と、順番に数えていく。ただし、間をゆったりとることが目的の練習なので、「2」のところでは、軸足に体重を乗せたまま我慢をする意識が必要だ。

そこで「イチ、ニッ、サン!」ではなく、「イチ、ニィィィ〜、サン!」という具合にリズムをとってみてほしい。等間隔の3拍子ではなく、「2」を伸ばす。これによって、ボールを手元まで呼び込む感覚が身につくはずだ。

「割れ」と大きなバックスイングで、打撃レベルを上げる

テイクバックをとるうえで重要なポイントの2つめは、しっかりと「割れ」の体勢を作るということ。

バッティングにおいてしっかり「割れ」ができている体勢とは、ステップしたピッチャー側の足の先とバットを握っている手の部分の距離が最大限に離れていることを意味している。これによって、上半身と下半身に適度なねじれが生まれ、大きなバックスイングから力強いインパクトへとつながっていく。このとき、バットのヘッドはピッチャー方向に倒れるが、その角度の理想は45度。高い打撃技術を誇る内川聖一《せいいち》選手(福岡ソフトバンク)のフォームを例にとると、やはり、「割れ」の形がしっかり作られている。

ところが、ピッチャー側の足を踏み出すのと同時に、バットを握っている手が例えば耳の横あたりまで引きずられるように移動してしまうと、上半身と下半身のねじれもなくなり、スイングに伝わるパワーは大きく失われる。

ここでちょっと、「反動」について考えてみたいと思う。この本は子どもたちも読んでくれていると思うが、みなさんはそれぞれのチームの中で監督からどのようなバッティン

「割れ」と内川聖一選手の打撃フォーム

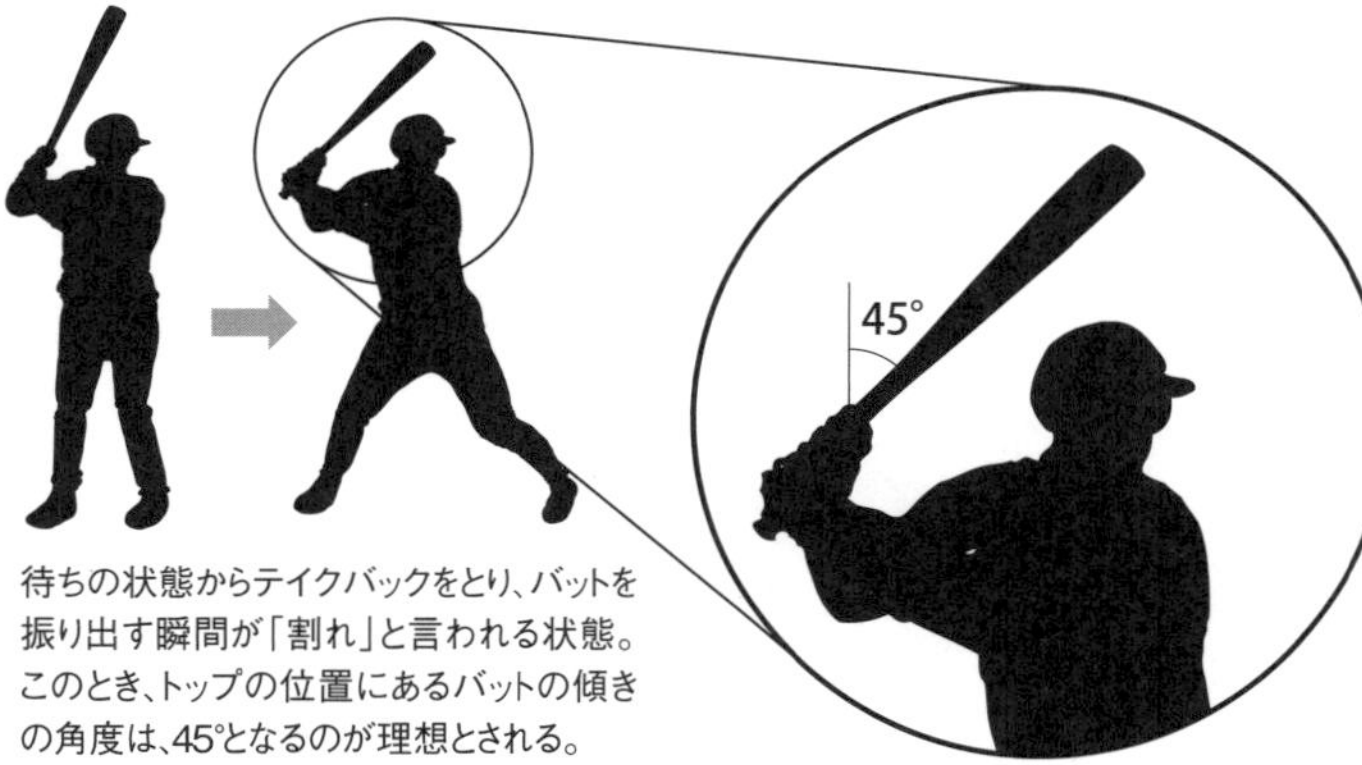

待ちの状態からテイクバックをとり、バットを振り出す瞬間が「割れ」と言われる状態。このとき、トップの位置にあるバットの傾きの角度は、45°となるのが理想とされる。

2018年5月に2000安打を達成した内川聖一選手。足を着くときに、しっかり「割れ」ができる。

グを求められているのだろうか。もしかしたら、体が小さいことを理由に、「当てにいく」バッティングを求められていないだろうか。

しかし、子どもは、いつ急に体が大きくなるかわからない。可能性は無限に広がっている。したがって、たとえ今、体が小さかったとしても、決して当てにいくバッティングを目指してほしくない。また、指導者の方も当てにいくバッティングをやらせるべきではない。まずは、ボールを強く叩くこと。そして、遠くに飛ばすことから入ってもらいたいと思う。

そのためにある程度必要なのが、「反動」だ。例えば、目の前にあるものを手で横から思いきり叩こうと思ったら、自然と手は体の外側に一度出て、その軌道は長い曲線を描くはず。これが反動をつけるということであり、バッティングにおいてはバックスイングに当たる。

ところが最近、子どもたちのバッティングを見ていると、「バックスイングが小さいなあ」と感じることがよくある。みなさんは、「タイヤ叩き」の練習をしたことはあるだろうか。木などにくくりつけた、車のタイヤ目がけて、スイングをする。私は子どものころによくやったが、「バシン、バシン」と思いきり叩いていくことによって、知らず知らずのうちに大きいバックスイングが身についたのだと思っている。

しっかりと割れの体勢を作り、大きなバックスイングから、力強くバットを振っていこう。野球教室でこのように説明したところ、次のような質問を受けた。

「バックスイングが大きくなることによって、ストレートに差し込まれるような気がするんですけど……」

もちろん、差し込まれることは何度もあるだろう。それは、プロの選手も同じ。速いストレートであれば、差し込まれて当然なのだ。問題は、差し込まれたことをその後の打席にどうやって生かしていくか、だと思う。「バックスイングの大きさは、そのままで。でも、もうちょっと、バットを振り出すタイミングを早くしてみよう」などと修正を加えていくことができれば、やがてストレートをつかまえる感覚を会得《えとく》できるはずだ。

また、大きなバックスイングは、変化球を打つことにもつながる。

変化球が打てないと、どうしても「まずは当てたい」という意識が先行してしまう。その気持ちは私もよくわかるが、「当てたい」とか「空振りしたくない」と考えることが過度の緊張につながり、体は固くなってしまう。そして、いざ変化球が来たとしても、体が動かず空振りしてしまう。こういうシーンを、私は何度も目にしてきた。

仮にバックスイングを小さくした結果、運良く変化球をバットに当てることができたとしても、その打球は文字どおり「当てた」だけなので、内野ゴロでアウトになる可能性が高い。そういうバッティングをいくら積み重ねたところで、技術の進歩は期待できない。

まずは、しっかりと「割れ」の体勢を作る。その瞬間は、自分の手とピッチャーとの距離が最大限離れていることになる。つまり、たとえ急に変化球が来たとしても、その変化に対応するための時間が最大限用意されているということでもある。最大限の時間の中で、あとは「逆方向に打ち返す」という意識を持つことができれば、少なくとも外に逃げるタイプの変化球や、あるいはフォークなどの落ちる変化球をつかまえることは十分に可能だ。以上、テイクバックの動きについて、「間《ま》」と「割れ」という、2つのポイントから説明した。

プロの世界には様々なタイプのバッターが存在する。中には、「この人、ほとんどバックスイングをしないのに、よく打てるな」というバッターもいた。08年まで東京ヤクルトでプレーし、15~17年は同球団で監督を務めた真《ま》中満《なかみつる》選手がそうだった。構えた状態から小さく前足をステップしただけで、一気にバットを振り下ろしていくのだ。

現役時代の真中選手に聞いてみたことがある。「どこでタイミングをとっているの?」と。彼はこう答えた。「心でとっています」と。

つまり、心の中ではしっかりバックスイングの動きを作っているということ。決して基本をおろそかにしているわけではない。ここが重要なポイントだ。

基本があってこその応用。繰り返しになるが、間をゆったりとって、しっかり割れの体勢を作る。まずはこの基本を身につけていただきたい。

最後に、反動に関する注意点を、2つほどお伝えしておこう。

1つは、割れの体勢を作ったとき、バットのヘッドをピッチャー方向に倒しすぎないようにすること。ヘッドを投手側へ向けることによって反動をつけようとしているのだろうが、一度ピッチャー方向に大きく倒してしまったバットをスイングの軌道に入れるためには、よけいな力が必要になってくる。また、自分のミートポイントにバットが到達するまでの時間もよけいにかかることになるので、とくに高めのストレートに対して差し込まれる形になる。それでもなお打ち返そうと思ったら、極端に軸足に体重を残し、上体をあおらなくてはならない。これでは、軸回転のバッティングができないのだ。

もう1つの注意点は、割れの体勢を作ったときにピッチャー側の肩を内側に入れないということ。これは、上半身と下半身のねじれを大きくすることによって反動をつけようとしているのだろうが、前の肩が内側に入ってしまうと、今度は肩をもとの位置に戻す動作が必要になる。すると、「戻そう」という意識が働くことによって、逆に体の開きが早くなる。そして、体が開くことによって、最大限の距離を取ったはずの腕も引きずられて一緒に前に出てきてしまう。これでは、力強いスイングができない。両肩のラインを、ピッチャーに対していかに最後まで真っ直ぐの状態で保てるか。ここがポイントだ。

割れの形を作ることだけで、反動は十分つく。バットのヘッドをピッチャー方向に倒しすぎたり、前の肩を内側に入れたりするのは間違った反動のつけ方と言えよう。

ステップ幅でわかるバッティングの乱れ

ここからは前足のステップについて説明しよう。プロ野球の試合を見ていてもわかるように、バッティングにおいては、様々なステップの形が存在する。

足を高く上げずにすり足で打ちにいく人もいれば、反対に足を高く上げてタイミングをとる人もいる。高卒入団5年目のシーズン（10年）に、ホームラン33本で本塁打王を獲得したオリックス・バファローズのT―岡田選手のように、前足をほとんど動かさないノーステップ打法の人もいる。どれが最善のステップだと断言はできない。バッターはそれぞれ、自分にとってタイミングがとりやすくなるようにステップしている。T―岡田選手にしても、10年はノーステップ打法がハマったが、その後はすり足に変えるなど、ベストの形を追い求めて試行錯誤を繰り返している。

私の場合、子どものころは足を上げていたが、プロに入ったときなどはすり足でタイミングをとっていた（40〜41ページの写真参照）。しかし、3年目のシーズンからまた高く上げて打ち始めたところ、初めて打率3割を記録することができたので、以後はそのときの感覚を大事にするようになった。途中、また一時的にすり足で打ったこともあったが、子どものころから体に染《し》みついた打ち方はそうそう変えられるものでない、ということだと思う。

タイミングのとり方として、足を上げるステップは最も単純な動作だ。ただし、バッティングの状態が悪くなると、どうしてもよけいな反動を使ったり、ピッチャーに長くボールを持たれると体が前に流れてしまったり、崩《くず》されやすいというデメリットがある。

若いころは下半身も安定していたので、足を高く上げても軸足でしっかり踏ん張ることができた。ところが、ベテランと呼ばれるような年齢になると下半身が衰え、だんだん軸足の粘りがなくなり、体がピッチャー方向に流れることで、ステップの幅が広くなってしまった。

「ステップが広くなれば、下半身がどっしりして踏ん張りも利くし、力強さが生まれるのでは？」と思われるかもしれないが、それは間違った認識だ。なによりも、ステップが広いと、体が回転しづらくなる。体の回転が不十分だということは、バットに十分なパワーを乗せられないということ。ヒットの確率も、当然のことながら下がる。

いや、そもそも軸足に体重が乗りきっていないために、広いステップが生まれてしまうのであり、バットに伝わっていくパワーも、本来のパワーから何割かマイナスになっているはずだ。もちろん、ステップが狭すぎて踏ん張ることができないようだと元も子もないが、ステップについては、狭いに越したことはない。私はそう考えていた。

しかし、選手生活の晩年はステップ幅の広がりが目立つようになったので、現役最後の

立浪和義の打撃フォーム

写真は、プロ入りした著者がすり足で打っていた当時のもので、6が「割れ」の瞬間。その後、少年時代と同様に、足を上げるフォームが中心になっていった。

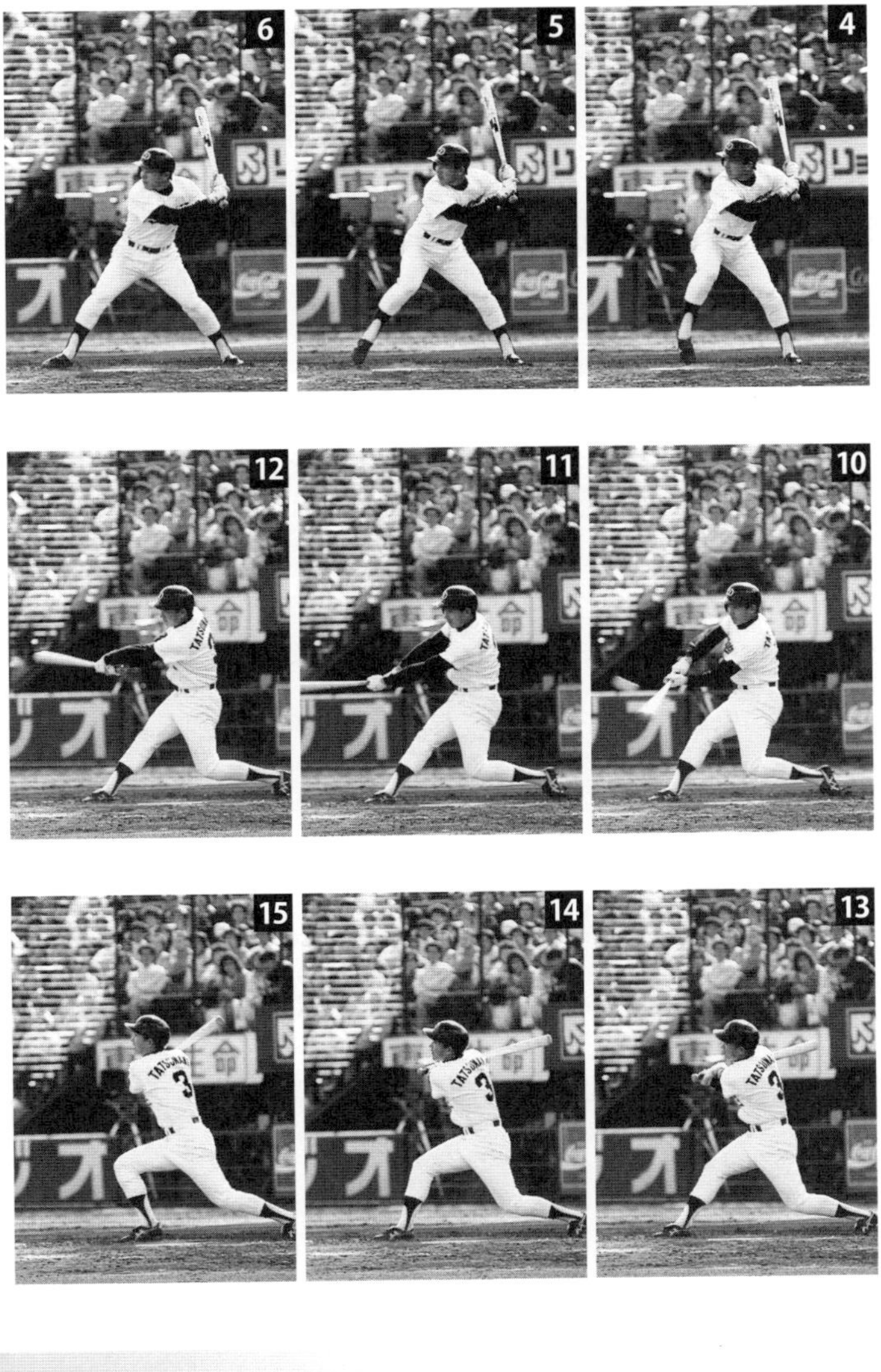
4
5
6
10
11
12
13
14
15

09年シーズンを前に、新たな工夫を加えた。テイクバックのときに前足をあまり高く上げず、なおかつ上げた前足を斜め下方向に一気に下ろすのではなく、一度真下に下ろしてからピッチャーの方向に踏み出すようにしたのだ。図形に例えるなら、それまでは直角三角形の斜辺が前足の通り道だったが、それをやめて、ほかの2辺を通り道にした、ということ。それによって、体がピッチャー方向に流れることを防ごうとしたわけだ。

みなさんも、自分のステップ幅をチェックしてみてほしい。ボールを見逃したときに足元を見てみるのが最も簡単な方法だ。私もハッと思って視線を落としてみると、ベストの位置からスパイクの横幅で言えば、3足分、4足分も広くなっていることがあった。「打ちたい、打ちたい」と力んでしまい、前足もただ上げているだけ。軸足に体重が乗ってこない。そのときの心理状態と結果の関係を自己分析すれば、こうなる。これでは、なかなか打てない。

ただし、試合ではピッチャーもバッターのタイミングを狂わせようと思って投げるので、実際に体勢を崩され、ステップ幅が広くなってしまうケースが出てくる。このとき、前足に引きずられて手もピッチャー方向へ流れると、対応はほぼ絶望的。しかし、ステップが広くなってもバットを握る手が後ろに残っていれば、そこから対応することはまだまだ可能だ。

割れの説明の中で、大きなバックスイングが変化球を打つことにもつながると述べたが、理屈は同じ。たとえステップが広くなっても、上体が一緒についていかないように我慢しよう。

ステップの幅以外にもう1つ、注意すべきポイントがある。それは、前足の親指の付け根部分から地面に着くように踏み込んでいくということ。「拇指球《ぼしきゅう》」と呼ばれる、親指の付け根のプクッとふくらんでいる足裏部分を意識することで、体がピッチャー方向に流れることを防ぐ。このとき、軸足のヒザは自分の正面を向き、また前足のヒザは外側に折れることなく内側に残っていることも重要だ。

逆に、前足の小指側から踏み込んでみてほしい。そうすると、ヒザが外側に折れ、体がピッチャー方向に倒れてしまうはず。こうなると、上半身と下半身のねじれを作ることができない。ステップは、親指の付け根から。この点もしっかり意識していただきたい。

「いらっしゃい!」の精神で、手元まで引きつける

自分からボールを迎えにいってはいけない。体が突っ込んではいけない。ピッチャー方向に体が流れてはいけない。ここまで、いろいろと表現を変えながら、ボールを手元まで呼び込むことの重要性について説明してきた。構えからステップまで、それぞれのポイントを意識しながら、バットを振る。日々の反復練習によって、理想のスイングに近づくはずだ。

しかし、会得したはずのスイングも、ちょっとしたほころびから、あっというまに崩れ

ることがある。そこがバッティングの怖《こわ》いところだ。ほころびは、心の揺らぎから生まれる。

すでにお話ししたとおり、私は現役生活の終盤3年半あまり、主に代打要員としてベンチに入った。代打は、1打席勝負。しかし、バッターにとって「打てるボール」は、1球あるかないか。その中で好結果を出すことは難しい。これが正直な感想だ。「打ちたい」という気持ちが先行するので、ボールを迎えにいってしまう。結果的に、ピッチャー方向に体が流れ、いいバッティングはできない。したがって、私は代打に指名されたら、「決して自分から打ちにいかない」と、強く意識するようにしていた。ゆったりと間をとって、しっかり割れの形を作ってボールを呼び込む。基本動作は変わらない。

ただし、バッティングはピッチャーとの勝負。ピッチャーもなんとかしてスイングを崩そうと、あの手この手を使ってくる。代表的な手段は、インコース攻めだろう。

バッターは内角を徹底して攻められると、どうしても体が早く開きがちになる。体が早く開くことによって、今度はアウトコースを攻められたときに前足の踏み込みが甘くなる。

私のような左バッターにとっては、左ピッチャーと対戦する場合に、とくにこのインコースへの対処が問題になる。背中の側からボールが向かってくる感じになるので、どうしても体が早く開く。それでも強引に右方向へ引っ張ろうとすると、今度はカカトに重心が移ってしまう。カカトに重心が移ることによって、今度はゆるいボールが来たときに泳がされる。こうしてバッティングは崩れる。そうならないためには、とにかく自分から打ちにいかないこと。この一点に尽きる。右投手でも左投手でも、たとえどんな投げ方であっても、ストライクとなる球は必ずホームベースの上を通過する。あわてて打ちにいかなくても、ボールのほうからミートポイントまで飛んできてくれるのだ。

ピッチャーが投げるボールの勢いを利用する、という考え方も効果的だ。パワーがあるとは言えない私が、広いナゴヤドームでホームランを打てたのは、ボールの勢いを利用できたから。どんなに速いストレートも、私にとっては大切なお客様ということになる。

お客様が自分の家に来たら、みなさんはどんなあいさつで迎えるだろうか。「いらっしゃいませ」が一般的だと思うが、バッティングも「いらっしゃい！」の精神が重要だ。狙っていたストレートが、ど真ん中の甘いコースに来たとする。例えるなら、おみやげにケーキを持参してやってきたお客様のようなもの。ど真ん中のストレートに対して「よっしゃ！」とがっついて自分から打ちにいくのは、お客様に向かって「いらっしゃい」と言う前に「ケーキ、ちょうだい、ちょうだい！」と家から飛び出しておねだりするのと同じようなこと。

私はプロ野球選手としては体が小さく、ずば抜けた体力、ずば抜けたパワーを持ち合わせていたわけでもない。にもかかわらず、タイミングも合わない、スイングもバラバラでは、到底、プロの一流ピッチャーに太刀打《たちう》ちできない。そこで、私は考えた。自分の持てるパワーをシンプルにバットに伝えるにはどうすればいいか、を。

そして、たどり着いた結論が、「いかにボールを自分のミートポイントまで引きつけるか」だった。「いらっしゃい」と手元に呼び込んでおいて、「パチーン!」と叩く。打ちたいという欲求に加えてピッチャーとの駆け引きも絡《から》んでくるので決してやさしい作業ではないが、みなさんもこの意識は常に持ち続けるようにしてもらいたい。

軸足に体重を乗せたら、受けずに攻めろ

「間《ま》」に関する説明の中で、「軸足に体重を乗せたらゆったりと間をとることが大事であり、それによってボールを手元まで呼び込める」とお話しした。では、その後、スイングが完了するまで軸足に体重が乗りっ放しでいいのかと言えば、そういうものでもない。例えば、日米通算507本(日本プロ野球332本　メジャーリーグ175本)もの本塁打を放った松井秀喜《ひでき》選手(元巨人、ニューヨーク・ヤンキースなど)は、巨人在籍時の02年にシーズン50本塁打を記録しているが、当時のスイングは「軸足に体重を乗せたあと、ステップによってほんの少しの幅でピッチャー側に体重を移動させ、前の足に力が伝わった場所で軸回転をする」というもの。本塁打の量産もうなずける良いスイングだったと思う。

巨人時代は本塁打王、打点王だけでなく、首位打者を獲得したこともある松井秀喜選手。

ところが、メジャーに戦いの舞台を移してからは、手元で曲がる変化球に対応しようとするあまり、軸足に体重を残そうという意識が出すぎていた。もちろん、彼なりに考えてのマイナーチェンジではあったろうが、松井選手ほどのスイングスピードがあれば、ボールが手元に近いところで曲がっても対応できるはずなのに、変化球を過剰に意識するあまり、私には、全般的に「受けのスイング」になってしまっていたように見えた。わずかでもいいので、前足に体重を移すスイングができていれば、もっとホームラン数を伸ばせたのではないだろうか。

もし、みなさんのまわりに、キャッチャー方向に体がそっくり返るような形、すなわち上体をあおった形でバットを振っている人がいたら、それが受けのスイングだ。

この受けのスイングの矯正《きょうせい》方法もある。名づけて、「ウォーキング素振り」だ。49ページに掲載した写真を見てほしい。「イチ、ニィィィ〜、サン!」のリズムで歩きながらバットを振ることで、ゆったりと間をとる感覚や、軸足からピッチャー側の足に体重が移っていく感覚がつかめると思う。

軸足に体重を乗せたら、決してボールを受けすぎないようにすること。じっくりボールを見ることと、受けることとは違う。受けすぎると始動が遅れ、速いストレートに差し込まれてしまう。

ポイントは、受けすぎず、乗りながら前に攻めることだ。大切なのは攻めの意識なので、

ウォーキング素振り

間《ま》を作るための練習が、このウォーキング素振り。1で、ピッチャー側の足を踏み込む。2で、反対側の軸足を踏み込んで、体重を乗せる。そして、2から4のように、ゆったりと間をとって、バットを振り抜く。受けのスイングを直して、攻めの意識を持つのに有効な練習法だ。

とくに受けのスイングになっている人は、軸足に体重が乗ったのと同時に、前に入っていくイメージでバットを振ってみてほしい。スマートフォンで動画を撮って、自分のフォームを確認するのもいいだろう。

ただし、ここでも、すでに解説したとおり、ステップ幅が広くなりすぎないように注意してもらいたい。

軸足に体重を乗せた。攻めの意識も忘れていない。そこで、次のポイントだ。

先ほど、巨人時代の松井選手の話のところで、「ほんの少しの幅でピッチャー側に体重を移動させ」と述べたが、ほんの少しの幅とはいったいどれぐらいだと、みなさんはお思いだろうか。

これも、具体的に何センチなどという明快な答えがあるわけではない。ただ1つ言えるのは、「前の足に力が伝わる場所」まで移動させていくということ。

つまり、自分に合う最適の場所は自分自身でさがしていくしかないのだ。受けすぎず、そうかといって、ピッチャー方向に体が流れることもなく、前足に力が伝わる場所にしっかり軸を固定して、地面と水平の軌道で回転する。

言葉にすると複雑に聞こえるかもしれないが、スイングの動き自体は極めてシンプルなものだ。日々の反復練習でしっくりくるポイントを見つけ出し、身につけてほしい。

「壁がしっかりできている」バッターになる方法

軸足に乗せた体重を、前足に力が伝わる場所まで移動できたとする。あとは、頭のてっぺんから刺さっているつもりの串はそのままにして軸回転をしていくわけだが、ここでも意識したいポイントがある。

それは、「壁」だ。みなさんもこの言葉を、「いいバッターは、壁がしっかりできている」などといった表現で耳にしたことがあると思う。

私は高校時代、どちらかと言えば「引っ張りタイプ」のバッターだった。プロ入りした当初も、外の変化球を引っかけてセカンドゴロという打ち取られ方が多かったのだが、3年目（1990年）のシーズンから、すでに説明したとおり、足の上げ方を変えた。さらに壁を強く意識し始めたところ、初めて打率3割（3割3厘）を残すことができた。自分自身の中で、打撃力アップの手ごたえをつかみ始めたシーズンと言っても過言ではない。

では、バットを振っていく過程で、具体的に壁をどう意識すればいいのか。ポイントは、ピッチャー側の肩と腰を結ぶタテのラインだ。そのラインや体と直角に接している感覚で、すぐ目の前に実際に壁があるものとイメージしてほしい。壁がイメージできれば、ボールを自分から迎えにいくことは防げる。なにしろ、前に出ようとすれば、顔から壁に激突するわけだから。また、肩と腰を結ぶラインや体が壁と直角に接しているとすれば、壁の抵抗があるので、肩が簡単に背中側へ回転していくこともなくなる。つまり、上体の開きも防ぐことができる。目に見えない壁と接している感覚を持つことができれば、テコの原理によってバットのヘッドを走らせることができるはずだ。

では、壁がしっかりできているかどうか。私は自分なりのチェックポイントを持っていた。それは、「中日ドラゴンズのチーム名が刻まれているユニフォームの前面を、ピッチャーにギリギリまで見せないようにする」ということ。

つまり、37ページなどでも触れたが、上体の回転をギリギリまで我慢し、自分の体の前をバットが通りすぎてから上体が回転するようなイメージで、バットを振っていたのだ。バットを構えた時点では右肩の近くにあった自分のアゴが、バットが体の前を通りすぎたときには左肩に乗っている。ただし、両肩を結ぶラインは回転させない。私は「体の入れ替え」と呼んでいるが、このイメージで常にバットを振っていくことが、「壁がしっかりできているバッティング」へとつながっていくはずだ。

そして、しっかり壁を意識できれば、左バッターが左ピッチャーを打ち崩す確率も大幅にアップする。最近でこそ、左バッターの体に向かってくるシュートやシンカーを投げる

上体が回転するのを我慢し、壁がしっかりできたバッティングフォーム。アゴの位置に注目。

左ピッチャーも増えてきたが、基本的には、ストレートか外に逃げていく球の二者択一。実は、右ピッチャーと比べて、的が絞《しぼ》りやすいのだ。

私自身、左ピッチャーのほうが好きだった。右ピッチャーと対戦する場合、力むとどうしてもバックスイングで右肩が内側に入ってしまい、それがきっかけで、バッティングの調子が悪くなることがあった。ところが、調子を落としているときに左ピッチャーと対戦すると、右肩の壁を改めて強く意識することになるので、崩れていたフォームがもとに戻りやすい。こういうケースは、私に限らずよくあると思う。

一般的に、「左バッターは、左ピッチャーに弱い」と考えられている。その理由として、「左ピッチャーと練習する機会が少ない」ことがしばしばクローズアップされるが、私はイメージの問題なのかなと思っている。というのも、左バッターが左ピッチャーのスライダーに打ち取られたとき、その姿がみっともなく見えてしまうことが多いのだ。腰が引けたり、泳がされたり、のけぞって「コツン」とようやく当てただけだったり。こうした姿が強く印象に残るので、監督とすれば、左ピッチャーに対しては右バッターをぶつけたくなる。

しかし、体の開きとカカトに重心がかかってしまう注意点がクリアできれば、左バッターが左ピッチャーを攻略することは十分可能だ。本書をお読みの左バッターのみなさんも、恐れることなく、勇気を持って挑んでいってほしい。

「上から叩け」は危険なフレーズ

バッティング技術をアップさせる体の動きの説明も、いよいよ大詰めだ。ここからは「腕の動き」について解説したい。

仮に、あなたが2打席続けて内野フライで凡退していたとする。そして、無死二塁の場面で、3打席目が回ってきた。監督やチームメイトからは、きっと次のような声がかかるはずだ。

「ボールはしっかり上から叩いていけよ！」

あなたは心の中で、こうつぶやくことだろう。

「よし、しっかり上から叩いて、ボールを地面に叩きつけよう」

ところが、結果はまたしても内野フライ……。みなさんも同じような経験をしたことがないだろうか。上から叩く、すなわち斜め下に向かってスイングの軌道を描くことによって、バットがボールの下に潜《もぐ》り込むようにして入ってしまう。フライを打ち上げた要因を分析すると、こうなる。つまり、上から叩こうとしたことが逆効果をもたらしたというわけだ。

さらに、上から叩く意識が強くなりすぎると、スイングの形そのものも崩れる。具体的には、キャッチャー側の肩がミートポイントの上にかぶさるように出てしまう現象が発生する。このとき、バットは体から離れたところを回る。いわゆる「ドアスイング」の状態だ。

これではいいバッティングなど期待できない。「ボールに対して、バットを最短距離で出せ」という意図で「上から叩け」という表現を用いることも多いと思うが、実は大きな危険をはらんだフレーズであることを理解しておいていただきたい。

腕によってボールを叩くのではなく、あくまでもバットは、体を軸回転させることで腰によって引っ張っていく。こういう感覚が重要になってくる。そして、バットの出し方としては、「上から」ではなく、「内側から」を強く意識する。これがボールに対してバットを最短距離で出す「インサイドアウト」のスイングにつながり、同時に持てるパワーをダイレクトにバットへ伝える役割も果たしてくれる。

ポイントは、キャッチャー側の腕のヒジの使い方にある。右バッターであれば右ヒジ、左バッターであれば左ヒジを、スイングの過程でみぞおちのあたりに入れていく。

バットの動きとしては、グリップエンドの部分をピッチャー方向へ差し込む感覚で振ってみてほしい。ヒジを入れる目印として、私はユニフォームの前面に刻まれている背番号の「3」を使っていた。そして、「3」まで左ヒジを入れたら、その時点での両手の位置を支点にしてバットのヘッドを走らせる。これも、テコの原理だ。

実際のスイングでは、後ろのヒジをみぞおちに入れたときに両手が体の前でストップす

頭のてっぺんから串《くし》が刺さっているようなイメージで、体を軸回転させていく。左ヒジの位置にも注目してほしい。

このときのポイントは、キャッチャー側の腕のヒジの使い方にある。スイングの過程で、みぞおちのあたりに入れることも意識したい。

るわけではないので、そこまで完全にテコの原理が働くわけではない。しかし、壁の項目で説明した「体の入れ替え」にしてもそうだが、日ごろからヘッドを走らせるイメージを持ってバットを振っていくことが大切だ。

ではこのとき、ピッチャー側の腕はどう使うべきなのか。ポイントは脇をあけないこと。脇があくと、後ろのヒジがしっかりみぞおちに入っても、インパクトの瞬間ではバットのヘッドが下がりやすくなる。バットのヘッドがグリップよりも下がると、バットに力が入らない。

同じインパクトの位置で、バットのヘッドがグリップよりも下がっている状態と、上がっている状態。2つの形を作って、それぞれ前方からバットを押してもらうという実験をやれば、いかにヘッドが下がっている状態で力が失われているかが実感できるはずだ。

もちろん実戦で低めのボールを打とうとすれば、どうしてもバットのヘッドはグリップよりも下の位置に来ることになる。しかし、バットに最大限のパワーを伝えるためには、バットのヘッドがグリップよりも上の位置を回るようにスイングする。つまり、「ヘッドを立てる」イメージを常に持って毎日の素振りを行うことが重要になってくる。

ピッチャー側の腕の脇は、しっかり締める。その意識づけのためには、片手での素振りも効果的だと思う。バットが重く感じたら、短く握っても構わない。脇を締め、グリップの位置よりもヘッドが下がらないように振っていこう。

「ヘッドを立てる」イメージの片手での素振り

1 のように、バットのヘッドがピッチャー方向に入りすぎると、上体をあおったスイングになってしまう(2 参照)。また、3 のように、ピッチャー方向の脇が開くと、ヘッドが下がってしまい、力が入らない。その矯正《きょうせい》法としては、片手での素振りが効果的だ(4 参照)。

もう1つ、スイングのイメージとして、「バットが体に巻きつくように振る」という言葉を挙げておく。腰によって引っ張られたバットが、最後は自分の体に巻きついて一体化するようなイメージでフォロースルーに入る。このイメージでスイングができれば、外角のボールに対してもバットが遠回りすることなく、最短距離で入っていける。もし、外角のボールに対して詰まることがあったら、ぜひ、この言葉をイメージしてもらいたい。

最後に、もう1点。上から叩くという意識が強すぎるあまり、バットが遠回りしている人がいたら、「思いきりアッパースイングで打ってみろ」と声をかけてみてほしい。その結果、本人とすればめちゃくちゃ振り上げているつもりでも、実はレベルスイングになり、バットが内側から出るようになる、というケースがよくある。悪いクセを直すときには、それとは真逆のことを意識させるのも効果的。本人にとって、いいヒントが転がっているはずだ。「真逆のこと」という意味では、最近メジャーリーグで広まる「フライボール革命」は、バッティングの矯正につながる可能性がある。意識的にボールの下をとらえ、あえてフライを打ちにいく考え方で、17年のメジャーのシーズン総本塁打は史上最多の6105本。過去最高の00年の5693本を大きく上回った。データ分析が進むメジャーでは、バッターの打球方向などを詳しく洗い出されて守備のシフトが組まれるので、ゴロでは野手のあいだをなかなか抜けていかない。野手の頭を越えるフライを打つことが、打率を上げることにつながっていくわけだ。フライボール革命が生まれたのには、こんな背景もある。

一方、日本では「上から叩こう」としすぎるバッターがいるが、そういう選手はタテに落ちる変化球を拾えない。タイプによって、合う、合わないはあるだろうが、ドアスイングがなかなか直らないバッターは、「フライボール革命」に挑戦してみるのもありだろう。

ボールの内側をとらえる意識を持つ

腕の動きに続いて、「目の動き」について説明しよう。「ボールの見方」と書くほうが適切かもしれない。

野球教室でバッティングを教えていると、軸足に体重を乗せていく段階で首が後ろの肩のほうへ寝てしまう子どもたちを、しばしば目にする。ピッチャーの身長が自分よりもはるかに高いため、下からのぞきこむようなクセがついてしまったのかもしれないが、首が寝てしまうとキャッチャー側の肩が下がり、ピッチャー側の脇が開き、ヘッドが下がった状態でバットが出ていくことになる。これでは強い打球を打てない。構えの段階から最後のフォロースルーまで、頭のてっぺんから串が刺さっているイメージを持とう。

もう1つ、ボールの見方で重要なポイントがある。それは、インパクトの瞬間ではボールの内側（自分に近いほう）をとらえるように意識するということだ。

もちろん、これもイメージの世界の話。実戦において、ボールの内側だけをピンポイントで打ち続けることなど到底不可能だ。しかし、練習から「ボールの内側を打つんだ」という意識でボールを見ることによって、バットを内側から出す動作が自然と身につくはず。気がついたときには、キャッチャー側の腕のヒジがみぞおちに入っているはずだ。

理想の形ができれば、それは強い打球を打つための条件が整ったことを意味している。同時に、バットはグリップエンドから先に出る形になっている。グリップエンドから先に出ていったとき、すなわちバットのヘッドが遅れて出ていったとき、バットの「面」は自分にとって「逆方向」と正対する位置関係になっている。

逆方向とは、右バッターであればライト方向、左バッターであればレフト方向を意味する。そして、バットの面が逆方向と正対する位置関係で振り出すことができれば、逆方向へのバッティングが可能になる。

時計でイメージすれば、わかりやすいかもしれない。ピッチャーが12時から6時の方向に向かってボールを投げたとする。バッターは、右バッターとしよう。ボールの内側を打とうとしてグリップエンドからバットが出ていくということは、グリップエンドが11時、ヘッドが5時の位置にあるような感じだ。その状態で12時の方向から来たボールがバットに当たれば、打球は2時の方向に飛んでいく。厳密に言えば、この場合、2時の方向はファウルになってしまうのだが、打球がライト方向に飛んでいくというイメージはつかめると思う。

もう少しバットを振り進めて、例えばグリップエンドが10時、ヘッドが4時の位置に来るような角度でボールをつかまえることができれば、打球は1時の方向、すなわちライトの定位置付近を目がけて飛んでいく。

さらにバットを振り進めて、グリップエンドが9時と10時の中間、ヘッドが3時と4時の中間の位置に来るような角度でボールをつかまえることができれば、打球は12時と1時の中間、すなわち右中間へ飛んでいく。

そのとき、どういう打球になるかは、ボールがバットの「面」のどこに当たるかによって変わってくる。バットの芯《しん》でとらえることができれば、鋭い打球になるはずだ。また、ボールに差し込まれてグリップエンドに近い場所に当たれば、手がしびれるような、詰まったゴロになるだろう。バットの上っつらに当たれば、ポップフライになるかもしれない。

いずれにせよ、逆方向には飛んでいくはずだ。もちろん、そこからさらに振り進めてミートポイントをピッチャー寄りに設定すれば、引っ張りのバッティングもできる。つまり、ボールの内側を打つことを意識することで、フェアゾーンを最大限広く使えるのだ。

それでは、ボールの内側を打つという意識が薄くなると、どうなるか。ボールの外側を叩くつもりでバットを振ってみてもらいたい。ボールの外側を叩こうとすれば、バットはどうしても遠回りをして、ヘッドから先に出てしまう。同じく右バッターで考えると、グリップエンドが7時、ヘッドが1時の位置にあるような感じだ。その状態で12時の方向から来たボールがバットに当たれば、打球は10時の方向、すなわちレフト方向に飛んでいくことになる。このスイングではどんなに頑張ってもライト方向に打球を飛ばすことは不可能。つまり、フェアゾーンの半分が使えなくなるということだ。

逆方向に強い打球を打ちたいと思ったら、ぜひ、バッティング練習ではボールの内側をとらえることを意識してみてほしい。

相手ピッチャーの投球モーションのここを見ろ！

続いては、実戦における「目線の置き場所」について。つまり、ピッチャーのどの部分を見ればいいのかということだ。

よく、「ピッチャーの手からボールが離れるところをしっかり見ろ」という指導を耳にするが、そんなところを見ていたら打てない、というのが私の率直な感想だった。もちろん、ピッチャーの顔なども凝視《ぎょうし》することはない。

また、ピッチャーが出すクセについても、よほど投球モーションの早い段階で出るもの、例えば振りかぶったときにグラブの角度で球種がわかるといった場合以外は、意識しないようにしていた。クセを意識すると、どうしても本来の自分のタイミングから遅れてしまうのだ。投げるときに口があいたらカーブとか、グラブから出ている指が立っていたらフォークボールとか、足を上げたときにグラブの小指側が見えたらストレートとか、器用なバッターはそういうクセを見逃さずに打っていた。でも、私にはそれができなかった。そもそも、クセ自体よくわからなかったという面もある。チームメイトに「あれですよ」と教えてもらっても、「えっ？　どこやねん」という感じだった。

そこで、私がピッチャーのどの部分を見ていたかというと、答えは「肩から腰にかけての胴体部分を、ぼんやりと見ていた」となる。「ぼんやり」と書くと、気がゆるんでいるように受け取られるかもしれないが、どこか1か所を見つめるのではない、という意味での「ぼんやり」と理解していただきたい。

投球モーションの全体像に目線を向けながら、ピッチャーが足を上げてテイクバックに入ったら、それに合わせて自分も前足を上げてテイクバックの動きに入っていく。そして、ピッチャーが足を地面に下ろしてガーッと向かってきたら、こっちも前足を下ろして攻めの姿勢で向かっていく。これが基本的なタイミングのとり方と言える。

しかし、ピッチャーがクイックモーションで投げてくる場面では工夫が必要になる。ゆったりと足を上げている暇《ひま》がないからだ。「ヨーイドン！」の合図とともにトップの形、すなわち「割れ」の形を作るぐらいじゃないと、タイミングが遅れ、ボールに差し込まれてしまう。したがって、クイックモーションが想定される場面ではあらかじめ軸足に体重を乗せておき、前足は小さく上げるだけですぐに打ちにいける体勢を整えていた。

野球の勝敗は、「いかに、ランナーがいる場面で打てるか」によって、大きく左右される。自分自身、「これが俺のタイミングだ」と呼べるものは、1つしか存在しない。しかし、その応用編として、クイックモーション用のタイミングは作っておく必要があるということだ。

また、クイックモーションで投げてくるピッチャーとは対照的に、上げた足がなかなか地面に着かないピッチャーもいた。この粘りは、ピッチャーにとって武器となる。みなさんも「球持ちのいいピッチャー」という言葉を耳にしたことがあると思うが、通常のタイミングで打ちにいくと、待ちきれずに体が前に出てしまう。実際、私も苦手にしていた。

そこで、そういうタイプのピッチャーと対戦するときは、いつもより目線を下げて、踏み出す足を見るようにしていた。なぜなら、どんなに球持ちのいいピッチャーでも、足が地面に着かないことにはボールを投げられないからだ。もう1つの目線の置き場所として、ぜひ、みなさんも参考にしてほしい。

特別対談
前編

立浪和義×坂本勇人

達人たちのバッティング進化理論

センス抜群の2人！お互いの最初の印象

「勇人のプロ初安打の決勝打を見て、この選手は活躍すると思った」――立浪
×
「立浪さんを小さいころから見ていました。カッコ良かったです」――坂本

立浪　今日は忙しいところありがとう（プライベートでも交流がある2人の対談の舞台は、2017年10月末日の都内のふぐ料理店）。いや、このオフは、CS（クライマックスシリーズ）に行かなかったから、暇《ひま》なのかな（笑）。

坂本　CSに進出できなかったのは、僕が入団してから初めてですし……そうですね、はい（苦笑）。

立浪　CSが始まったのが07年だから、勇人の入団の年か。巨人がCSに行かなかったこと自体、初めてだしな。というか、CSが導入されてから、巨人が3年連続でリーグ優勝しなかったのも初めてか（07年以後だと、2年連続で優勝をのがしたのも、15、16年が2回目。その前は、10、11年）。

そうなると、オフのテレビも出づらいな。バラエティーはとくに。

坂本　それは別にいいです。僕、バラエティー番組が苦手なんで……。17年の正月、『リ

アル野球盤』（テレビ朝日系番組の中の人気企画）には出ましたけど、それは、ずっと「成績が出てないんで」と、ことわっていた番組なんですが、タカさん（進行役のとんねるず・石橋貴明《たかあき》さん）から「そろそろ出ろ！」とメールが来まして（笑）。前のシーズンの16年は首位打者も獲《と》ったんで、いいかなって。

立浪さんは、ちょっと前に「ゲッツー」がテーマの番組に出ていましたよね。荒木（雅《まさ》博《ひろ》）さん（中日）がゲッツーで送球を受ける際は壁になったようなイメージでやると言っていましたけど、あれ、面白かったです。

立浪 『球辞苑《きゅうじえん》』（NHK BS1）ね。（宮本）慎也（元東京ヤクルト、現東京ヤクルトヘッドコーチ）もVTRで出た回か。野球好きには人気が高い番組らしいね。じゃあ、この対談も負けじとマニアックにやってみようか（笑）。

実は『週刊ベースボール』で、連載を細々とやっていて。勇人は『週べ』を読んでいる？

坂本 もちろんです。コンビニにあったら、いつも買っています。僕も『週べ』で選手コラム連載をやらせてもらったことがありますし（11年「勇人伝」）。

立浪 今日の対談では、奮発してもらって、勇人が好きな、ふぐ屋さんをセッティングしてもらった。楽しい話を頼むよ。

坂本 （小声で編集部員に）少し高いですよ、大丈夫ですか？

立浪　その分、面白い話をしてくれればいいみたいだから。ファンやこの対談の読者たちは、やはりバッティングの技術面の話に興味を持っているようだね。勇人のバッティングについても話したいんだけど、これがセンス抜群だから、「すごい！」のひと言で終わってしまう（笑）。

自分はやめ際だったけど、1年目（07年）の勇人が、ナゴヤドームでの中日戦のとき、代打でセンター前にタイムリーを打った。勇人のプロ初安打で決勝打にもなったんだよね（07年9月6日）。あれを見て、この選手は活躍するなと思った。この試合のことは、覚えている？

坂本　はい。

立浪　まだ10代だったよな。今はいくつになったの？

坂本　1988年生まれなんで、今年が29歳の年です（18年で30歳）。

立浪　自分がプロ入りした年に生まれたんだね。だったら、俺のことはベテランになってからしか知らんだろうね。

坂本　小さいころから見ていました。カッコ良かったです。

立浪　お世辞《せじ》はいらんよ（笑）。ドラフトは（堂上《どのうえ》）直倫《なおみち》選手の外れ1位だったよね（06年高校生ドラフト。堂上は中日1位）。ドラゴンズで一緒にやっていたかもしれないんだな。

坂本勇人選手のプロ初安打は背番号61時代で、中日戦。決勝打にもなり、著者も見ていた。

勇人は自分と同じ高卒でプロ入りし、同じように最初から一軍に出ている。ポジションも同じショートからだし、ずっと気になっていたんだ。

『週刊ベースボール』の連載（「立浪和義の超野球論」）でも、かなりほめたことがある。それだけすごいバッターだと思っているから。ありがたいことに、勇人にはいつもかわいがってもらっている（笑）。

坂本 やめてください！（笑）。

立浪 テレビの解説でも絶対、勇人のことを悪くは言わないからね。打てなかったら、「疲れているんです」とか、「WBC（ワールド・ベースボール・クラシック）があったから」って。あと、「ショートは守備で大変なんですよ」とか言ってね（笑）。

WBC、そしてオリンピック

「WBCは調整を早めるキツさが…。オリンピックは興味があります」――坂本

×

「勇人は別格。ショートであれだけ打つこと自体、とんでもない」――立浪

坂本 （17年ペナントレースの巨人は4位。広島東洋カープに徹底的にやられたことをふまえて）広島は強かったです（苦笑）。

立浪　でも、17年の巨人は先発に（マイルズ・）マイコラス投手（現セントルイス・カーディナルス）、菅野《すがの》（智之《ともゆき》）投手、田口（麗斗《かずと》）投手がいて、終盤は新人の畠《はたけ》（世周《せいしゅう》）投手が出てきた。これだけいて、なんで4位だったの？（笑）。

坂本（さらに苦笑して）もちろん、打線の責任もありますが、投手陣では「中」が不安定でしたね。勝っていたときは、リードされても中継ぎの投手が辛抱してくれて、打線が最後になんとかするパターンも多かったんで。

立浪　巨人は、中継ぎで山口鉄也投手が元気だったときは強かったからね。その広島をCSで破ったのが、3位の横浜DeNA。若いチームだし、勢いがあった。

ただ、DeNAの主砲の筒香《つつごう》（嘉智《よしとも》）選手は、最後までいいときと悪いときがはっきりしていたし、彼が打つ打たないで、まったく違うチームになっていたね。悪いときの筒香選手は、ボールが来てからバットを引き上げる「二度引き」で、タイミングが遅れて差し込まれていた。シンプルに考えて、トップに早めに入って、時間があったほうがいいんだけどな。もっともっと高いレベルをという思いもあるからだろうね。彼はすごくまじめで、性格もいいよな。

坂本　はい。年齢より、ずっと落ち着いていますし。

立浪　長くやっていると、必ず悩む時期がある。でも、いい選手は、その時期が、より高く飛ぶための助走になるんだ。あくまで自分の経験からの想像だけど、勇人は1年目から出て、2年目からずっとレギュラーだよね。出るのが早くて、しかも長くなってくると、良くないことだけど、ちょっと慣れてくるときがなかったか。一生懸命やらなきゃいけないとはわかっているんだけど、どうしてもモチベーションが下がってしまうときもあったと思う。どう?

坂本 確かにありました。

立浪 毎日、同じことをしていると、ときどき、わからなくなるよね。結果が出ているとき、出てないときに、今やっているなにが良くて、なにが悪かったのかが。でも、野球選手が現役でプレーできる期間と言ったら、どう頑張っても、20年くらい。勇人が若いと言っても、あと10年とちょっとだし、しんどいと思うけど、後悔しないように頑張ったほうがいいよ。

ただ、これから少しでも長くやるためには、頑張るだけじゃなく、休みも必要。メリハリをつけないとね。このオフ、10月はずっと練習だったみたいだけど、11月からは休みになるのかな。

坂本 宮崎秋季キャンプは行きませんが、自分のペースでトレーニングは継続するつもりです。完全休養は3日くらいですね。

長くレギュラーを務め、主将としての貫禄《かんろく》も感じられるようになってきた坂本選手。

立浪　3日だけか！

坂本　ウェイトをするんだったら、11、12、1月の3か月は、ガッツリやらないと、体が変わらないんですよ。

立浪　シーズンの疲れはどうなの？　17年後半は打率も落ちたし、だいぶキツかったと思うけど。

坂本　はい、キツかったです(苦笑)。

立浪　17年シーズンは巨人のCS進出もなかったから、早めにしっかり休んで、もう一度野球をやりたいな、体を動かしたいな、と思える状態にしたほうがいいじゃないかと思ったんだ。

坂本　17年は3月からWBCでガチンコ勝負していましたし、調整のスタートも1か月早かったから、よけい長く感じました。僕も10月は休ませてくれるかと思ったんですが……ダメでした(笑)。

(チームは残念な結果のWBCの中、個人成績は打率4割1分7厘と好調だったことをふまえて)WBCは楽しめた面もあったと思われるかもしれませんが、楽しくないです(苦笑)。

立浪　キツいのは、打つより、守るほうだったんじゃないか。

坂本　とくに東京ドームは、いやでしたね。守っていていろいろな声が聞こえてきて、集

坂本選手は17年春の第3回WBCで、攻守に奮闘。しかし、始動時期の早さが疲れの原因に。

中できませんでした。普段は鳴り物の応援で、ほとんどなにも聞こえないんですけど。

立浪　アメリカとの準決勝は、ドジャー・スタジアムだったね。

坂本　球場の雰囲気は良かったんです。本番のアメリカ戦は雨が降って風が舞って、大変でしたけどね。

立浪　実は、青い空のハワイで見ていたんだよ。みんな大変だなって思いながら(笑)。次のＷＢＣ（21年開催予定）も出たい？

坂本　正直、キツいかなと思っています。

立浪　勝てばいいけど、負けたらいろいろ言われるしね。

坂本　それより、調整を早めるキツさですね。あれはもう……。ただ、20年の東京オリンピックは興味があります。シーズン中だから調整を早める必要はないし、東京だから、金メダルを獲《と》れたらすごいですもんね。若いやつが出てきて、出たくても出られないかもしれませんが。

立浪　そんなことない。勇人は別格。ショートをやりながらあれだけ打つこと自体、とんでもないからね。大一番にしっかり合わせてくるのが勇人のすごさだけど、その分、疲れもなおさらなんだろうね。

バッティングと守備の関係性

「バッティングの不振は守備に引きずらないけど、エラーは引きずることも」──坂本
×
「チャンスに打てなくても、仕方がないと割りきれるよな」──立浪

立浪　でも、今の選手の調整は早すぎるんじゃないかな。昔のベテランは、オフのあいだはゴルフくらいしか体を動かさず、キャンプに入ってから、やっと体を動かした。自分もベテランになったら、オープン戦出場も3月中旬くらいからにしてもらった。試合勘と言っても、シーズンになったら毎日試合に出るんだから。

坂本　今とは全然違いますね。

立浪　巨人はとくにじゃないかな。集合も早いよね。ビジターのデーゲームでも、「もう来たのか」と思うことがよくあった（試合前練習はホーム、ビジターの順）。自分の感覚だと、ある程度ベテランになったら、できるだけ長く寝て、疲れを取ったほうがいいように思うけどね。

坂本　慣れたのもあるかもしれないですが、僕は早めに球場に入ったほうがラクです。キツいときは、トレーナーさんにマッサージしてもらっています。

立浪　まだ若いから、少し寝たら疲れも取れるかもしれないけど、だんだん抜けなくなる

よ。アドバイスじゃないけど、長く現役をやって思ったのは、人がなにをしているとかじゃなくて、自分の思ったようにやるのが長持ちの秘訣ということだね。

例えば、今、ウェイトをガンガンやる投手も増えている。ダルビッシュ（有）投手（シカゴ・カブス）には合ったかもしれないけど、ほかはわからない。投手は走ることで鍛えられるものもあるしね。それぞれの方法があって、年齢によっても変わっていく。それは忘れないほうがいいよ。自分みたいに、細くて上背もないタイプがこれだけ長くやったんだから、説得力あるだろ。

坂本　ありがとうございます。

バッティングの不振を守備に引きずるかと言われれば、それはないですね。守備のエラーを引きずることはありますけど。

立浪　失点につながったり、負けにつながったりすると、なおさらね。バッティングは、チャンスに打てなくても、仕方がないと割りきれるよな。

17年は、キャリア初の失策1ケタ（9個）だったそうだけど、あの守備範囲の広さで、1ケタはすごいよ。自分も現役時代、サードやセカンド、外野もやったけど、ショートの守備の負担というのは、ものすごく大きい。その評価が低い気がするけどね。勇人はしっかり打っているし、守備も年々うまくなっている。肩もいいし、センスはあった

守備においても、華麗なプレーを見せる坂本選手。バッティング同様に、年々、成長をとげている。

けど、ときどき、集中力を欠いたもったいないエラーもあった。それが減っているね。井《い》端《ばた》（弘和《ひろかず》）がコーチになったのも、良かったんじゃないかな（著者と井端コーチは、98～09年、中日で一緒にプレー。井端コーチは14年に巨人へ移籍し、2年間プレーして現役を引退。16年から、巨人の内野守備・走塁コーチに）。

坂本　そう思います。

立浪　具体的に言われたことは？

坂本　僕、強い打球が来ると、どうしても体に力が入っていたんですよ。それを「力抜け。抜くことだけイメージしろ」と言われ、それからかなり変わりましたね。確かに力を抜くと、自然とグラブが落ちてくれるんです。

立浪　井端のショート守備はうまかったからね。自分はサードの位置からよく見ていたんだけど、抜けたと思ったところから、グラブだけが落ちていく。サードやっていた最後のほうは、三遊間に飛んだら、自分が捕れると思ってもグラブをすっと引いたからね。井端がアウトにしてくれるから、いいかって(笑)。

じゃあ、次に、本題のバッティングの話に入ろう。美味《お》しい「てっさ」（フグ刺し）が来たから、これを食べながらにしようか(笑)。

坂本　いただきます。ああ、この肝《きも》ダレもおいしいな！　幸せです(笑)。

バッティング進化の理由

「低く構えるのがしんどいときは、シンプルに構えていいんじゃないかな」──立浪 ×「下半身の重要性を感じたきっかけは、松井秀喜さんのアドバイスです」──坂本

立浪 さて、いきなりだけど、首位打者を獲得した16年シーズンに、勇人はなにかをつかんだよな。

坂本 はい。その年だけですが(苦笑)。

立浪 構えを低くしてからか。

坂本 下半身を意識するようになったら、すごく安定感が出てきました。

立浪 下半身のウェイトもしていたよね。下半身がムチャクチャ大きくなっていて、びっくりした。

坂本 今までもやってはいたんですけど、あれほど重い負荷でやったことはなかったですね。

立浪 じゃ、18年シーズンもしっかりやらないとな。もうちょっとだけ好調が長続きするように(笑)。

坂本 はい(笑)。

立浪　ただ、16年は低くして、いい成績を出したけど、17年は途中、低く構えるのが、しんどそうに見えた。

坂本　そういうときもありました。

立浪　そのとき思ったのは、しんどいときはもうちょっとシンプルに構えていいんじゃないかな、ということ。最後はちょっと戻していたよね。

坂本　はい。

立浪　自分も現役時代、すごく足を広げて構えていたことがあったんだ。成績がいいと、野球選手はそればかりやるけど、本当はシンプルにやったほうが絶対長持ちする。あの打ち方は、体が元気なときはいいけど、へばってきたら、キツいはずだしね。

坂本　下半身の重要性を感じたきっかけは、16年の春季キャンプで臨時コーチだった松井秀喜さん（元巨人、ニューヨーク・ヤンキースなど）のアドバイスですね。低くして軸足に残したらって。

それまで僕は構えで、右、左足の重心は5対5くらいのイメージだったんですが、松井さんは9対1くらいと言っていたんです。最初は、あまりに違うんで、そうしようとも思わなかったんですけど、ちょっとやってみたら良かったんで、そのまま続けてみました。9対1ではないですけどね。

坂本選手のバッティングフォーム比較。左が2015年、右が16年の構え。違いは明らかだ。

立浪　松井君は後ろに残しすぎくらいだったな。スイングスピードが速かったから、それでもできた。前に突っ込まないようにし、軸回転するイメージなんだろうね。自分も現役時代、後ろに残すスイングはやったことがあるよ。ヤンキースの捕手で、（ホルへ・）ポサダっていただろ？　彼も後ろ足に極端に重心を残していたんだ。調子が悪いとき、たまたまポサダの映像を見て、やってみようかなと。そしたら次の日、４の４（笑）。そのまましばらくやった。段々、打てなくなるんだけどね。

選手をやめるまで、ずっとそんな試行錯誤の繰り返し。ただ、やめ際になって思ったのは、何度も言っているように、バッティングはシンプルがいちばんいいってこと。若いときはどんなスイングでもいいけど、体力が落ちると、なかなか続かない。自分の「今の状態」に合わせないと。それが難しいんだけどね。

（１９５ページからの対談後編に続く）

第2章 思考力で高める打撃術～メンタル・駆け引きメソッド～

バッターにとって怖《こわ》いのはストレート

ここからの第2章では、主にバッターの意識、メンタルなどを中心に触れたい。バッターボックスに向かうまで、そしてバッターボックスの中で、さらにはバッターボックスを出たあとに、私がなにを考えてきたのか。まずは、狙《ねら》い球について説明しよう。

野球人生の中で何人ものピッチャーと対戦してきた者として、私は「好投手ほどストレートにこだわる」という実感を持っている。ストレートが走らないと、いくら変化球を投げてもバッターに合わされる。逆に、ストレートが走れば、変化球も生きる。ストレートにこだわることが好投手の条件であり、結果的に息の長い現役生活にもつながる。

したがって、いいピッチャーと対戦するときほど、「どこかで必ずストレートが来る」という思いでバッターボックスに立った。そのうえで変化球に対応する。自分の打撃の状態にも左右されるが、センターから逆方向に打ち返す意識があれば、だいたいの変化球は拾えた。

現在のプロ野球では変化球の割合が高く、その変化球にヤマを張るバッターが多いのも事実。しかし、安定した成績を残すには、ストレートを待って変化球に対応するバッティングが理想形だと思う。もちろん、例外的な場面もあった。打撃の状態が下降しているときなどは、すべての球種に対応しようとするとピッチャーの術中にハマるので、あらかじめ「カウントを追い込まれるまでは、これを狙う」と決めたり、「とにかく引っ張れるボールだけ」を待ったりもした。ところが、狙い球を絞《しぼ》ったときに限って、絶妙なコースでストライクを取られて不利なカウントになることも多く、このあたりの駆け引きは難しい。

また、変化球狙いでは、スイングの始動が遅くなる。変化球に対して変化球用の打ち方をしようとすると、詰まることもしばしば。ストレートよりも遅いのに、最初から「カーブを打ってやろう」とグッと体重を軸足にためすぎると、「ガシャン」と詰まってしまう。逆にストレートを待っていて、たまたまグッと体重が軸足にたまり、すっぽ抜けたようなカーブを軽くポンと打ったときに、意外にボールが飛ぶ。こんな経験も何度となくあった。

ただし、ここにも例外は存在する。ごく普通のカーブではない、もう1つ抜いてくるようなカーブを武器に持つピッチャーに対しては、そのカーブを最初から狙わないことにはなかなか打てない。私がよく対戦したピッチャーで言えば、元広島の佐々岡真司《ささおかしんじ》さん（現広島二軍投手コーチ）のカーブ。私の現役生活最後のころで言えば、母校・PL学園高校の後輩でもある朝井秀樹投手（元東北楽天、巨人など）のカーブも該当する。

現役であれば、実際に対戦したこともあるが、当時、埼玉西武に在籍していた岸孝之投手（現東北楽天）のカーブは、素晴らしいキレがあった。頭の上にフッと浮き上がったように見えたかと思えば、そこから急激に落ちてくる。おそらく、ボールをただ抜いているだけでなく、抜きながらも強烈な回転をかけているのだろう。それでいて、ストレートと腕の振りがほぼ変わらない。こうしたカーブには、アゴが上がった時点で、バッターの負け。

また、ストレートがさほど速くないピッチャーなら、あえて変化球待ちもした。ストレートと変化球の球速差が小さいため、変化球待ちでも、十分ストレートに対応できるのだ。

バッターにとって怖《こわ》いのは、やはりストレート。ところが、スライダーやツーシームなど新たな変化球を覚えたり多用したりすることで、ストレートのスピードが落ちてしまったピッチャーを、私は何人も見てきた。バッターの立場からすると、大助かりだ。

もちろん、球種が増えることで狙い球を絞りづらくなったピッチャーもいるので、一概《いちがい》に否定できないが、本末転倒にならないよう、変化球の習得には気を配るべきだと思う。

キャッチャーに対してエサをまく

ピッチャーがどんな球種をどのゾーンに投げてくるのか。配球を考えるうえで、ときにはキャッチャーとの駆け引きも重要になった。

キャッチャーはマスク越しにバッターの動作を観察してくる。どんな球種を狙っているのか。どの方向に打ち返そうとしているのか。バッターの動きや反応から、それを見極めようとしてくる。例えば、甘いコースに入ってきたストレートに対して、なんの反応も示さなければ、そのバッターは変化球狙いであることが想像できる。バッターも変化球狙いを察知されたことは自覚できる。そこで、次のボールに関してはストレートに狙いを変えるのか。それとも、あくまでも変化球狙いを貫くのか。これが駆け引きだ。

こちらからエサをまくこともあった。キャッチャーを迷わせるために初球を簡単に見逃したり、あるいは、見逃すときにわざと踏み込んで外角球を狙っているフリをしたり、逆にわざと体を開いて内角球を狙っているフリをしてみたり。とくに、まだキャリアが浅い若手キャッチャーの場合、こうしたエサが効果的に働くこともあった。

しかし、レギュラー級のキャッチャーとは5年、10年、続けて対戦しているので、互いに手の内を知り尽くしている。こちらがまくエサには見向きもしてくれない。それどころか、いやだなあと感じるゾーンを徹底的に攻めてくる。マウンドにいるのがシュートを投げる左投手なら、これでもかこれでもかとシュートを要求して内角を突く。元東京ヤクルトで、のちに監督も務められた古田敦也《あつや》さんとは、そういう勝負を展開してきた。

内角をしつこく攻められるのは、バッターにとって、いやなものだ。なぜなら内角球に詰まって打ち取られると、例えばフォークボールによってスカされた空振りやスライダー

ピッチャーがどんな球種をどのゾーンに投げてくるか。キャッチャーとの駆け引きも重要になる。

を引っかけての凡打よりも、残像が鮮明に焼きつくからだ。

その結果、「次の打席でも内角に来るだろうから、絶対に打ち返してやる」という気持ちが働く。それを繰り返しているうちに、いつのまにかバッティングを崩《くず》してしまうのだ。

ところが、ある時期、「内角球を打つコツをつかんだ！」と思えたことがあった。それは、2004年のことだった。

「面で打つ」ことで、つかんだ手ごたえ

04年のペナントレース。私は開幕から不振が続いた。4月の打撃成績は78打数16安打で打率2割5厘。先発出場した21試合中10試合がノーヒットというスランプに陥《おちい》った。

ところが、5月になると、成績は一変。月間打率4割1分2厘を記録すると、翌6月も打率4割3分と好調をキープ。なんと2か月連続で、セ・リーグの月間MVPに選ばれた。

どうしてトンネルから脱出できたのか？　それは先にお話ししたとおり、「内角球を打つコツをつかんだ」からだった。第1章で説明した「面で打つ」バッティングによって、ガシャンと詰まった打球でもショートの頭やサードの頭を越えていくようになった。そういう逆方向へのヒットの打ち方を覚えたことで、「バッティングはこれだ」という確かな手

ごたえをモノにしたのだ。当然のことながら、このときは長打など狙っていない。

しかし、7月以降、私の月間打率が4割を超えることはなかった。結局、リーグ9位の打率3割8厘で、シーズンを終えた。

いったい、どこでつまずいてしまったのか？　内角球を打つコツをつかんだはずの私のバッティングを狂わせたもの、それは「内角球」だった。そのバッターが好調であればあるほど、ピッチャーは内角を攻めてくる。2か月間は「面で打つ」バッティングによってヒットを量産することができたのだが、それでもなお内角をしつこく攻められた結果、知らず知らずのうちに力《りき》みが生まれ、徐々にバッティングが崩れていったのだと思う。

ピッチャーが内角に投げてくる球種はストレートだけとは限らない。右ピッチャーであればカットボール、左ピッチャーであればシュート。ある程度のスピードがあり、それでいて、自分の体に向かってキュッと食い込んでくる。「俺は、この2つの球種が好きだ」という左バッターは、まずいないだろう。

1999年にFAで福岡ダイエー（現福岡ソフトバンク）ホークスから中日に移籍してきた武田一浩さん（元日本ハムファイターズ、巨人など）は、日本人のカットボールの使い手としては先駆者的な存在だった。当時、私は主にセカンドを守っていたが、マウンドの武田さんが左バッターを迎えたときは、武田さんの指示もあって、一塁ベース寄りのポジションに動き、一、二塁間を締めて守るようにしていた。うまく打たれてセンター前に抜けるのは仕方がない。そう割りきっても十分なおつりが来るほど、詰まった打球が面白いように一、二塁間へ飛んでくるのだ。

私も右ピッチャーのカットボールには手こずった。それまでは「カモ」にしていたのに、カットボールを投げ始めたとたん、苦手に変わってしまったピッチャーもいた。

なによりもまず、打ちづらい。なぜなら、バットの芯《しん》はバットの先端に近い場所にある。その芯をよけるようにして、ほんの少しグリップエンドのほうへ曲がってくるので、芯でとらえるのは非常に難しい。だいたい「グシャッ」と詰まった打球になる。詰まらされるのはいやなのに、詰まる。あるいは、自打球となって足に当たることも多かった。痛い。

こうなると、またまた、「なんとかして絶対に打ち返してやる病」がムクムクと頭をもたげる。詰まりたくないし、自打球のえじきにもなりたくないので、よけいに体が開いていく。ピッチャーの思うツボだ。もちろん、バットを振っている以上、ヒットになることもあったが、体を開かせた時点でピッチャーの勝ちと言っていいと思う。

また、内側への変化を意識しすぎると、外角への対応がおろそかになる。逆に言えば、バッターに内側を意識させた時点で、ピッチャーは大きなアドバンテージを握ることができる。

内角球は懐《ふところ》でさばけ！

そうは言っても、バッターの立場として、内角球を完全に無視するわけにもいかない。内角をしつこく突かれたら、バッティングが崩れるきっかけになるかもしれないことは覚悟のうえで、引っ張りに行かざるをえない場合もある。

ただ、同じ引っ張るにしても、バットのヘッドから先に出してドアスイングになってしまうのと、グリップエンドから出していくのとでは、意味合いが大きく異なる。もちろん、第1章で説明したように、バットをミートポイントに向かって最短距離で出す「インサイドアウト」のスイングをするためにも、グリップエンドから出していかなくてはならない。そのうえで、ヘッドを走らせることによって内角球をとらえていく、というのが理想形だ。

そして、両腕のヒジが常に下を向き、そのヒジの上をグリップが回っていくようなイメージでスイングをしていく。この基本も、内角球を打つためには重要なポイントになってくる。

そのうえで、私は内角球を狙う場合、構えの段階で手を少しだけ前に出すようにしていた。前と言っても、ピッチャー側ではない。ホームベースの上に手を差し出すように構えるのだ。すると、両腕の下に、新たな空間ができあがる。いわゆる「懐《ふところ》が広くなった」状

インサイドアウトとドアスイングのバット軌道の違い

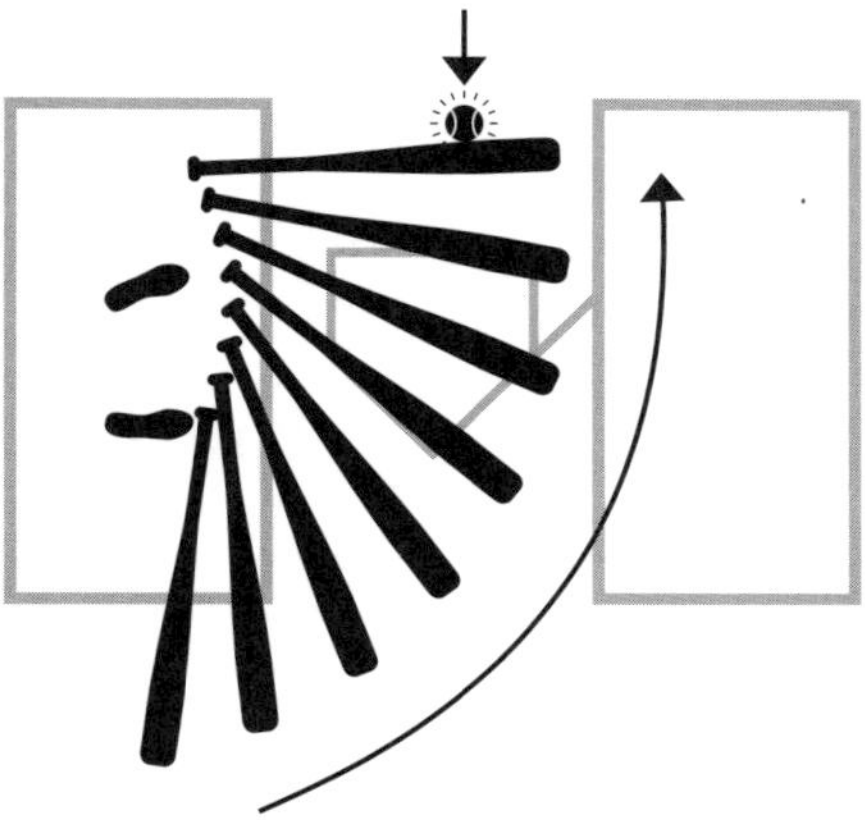

インサイドアウト

後ろヒジをヘソに近づけるようにして、バットが体から離れないようにスイングする。それによって、バットが体に巻きつくインサイドアウトの軌道になる。腕から体幹の力がバットに伝わり、強いスイングができる。

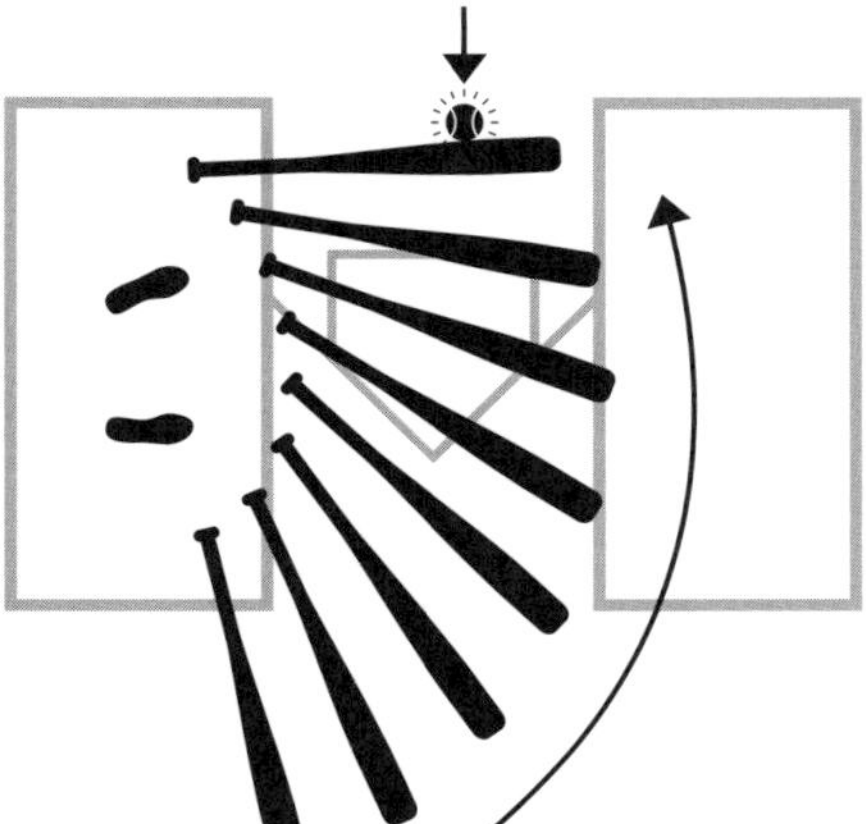

ドアスイング

バットのヘッドが体から遠い位置から出てきて、かきこむような大振りの軌道となるのが、このドアスイングだ。こうなると、腕や下半身のひねりの力も、バットにしっかりとは伝わらず、スイングスピードが落ちてしまう。

上の図の軌道を比較して見れば、違いは一目瞭然《いちもくりょうぜん》だろう。インサイドアウトの習得は必須だ。

態だ。この構えによって、ピッチャー側のヒジがピッチャー方向へ抜けやすくなる。ヒジをうまく抜ければ、グリップの位置がピッチャー方向にズレるので、ミートポイントも自然とピッチャー寄りの位置になり、差し込まれる危険性が減少する。つまり、バットの芯に当たる確率がアップする。これが、「懐でさばく」バッティングだ。ちなみに、先ほど名前を挙げた古田さんは、このヒジを抜いて懐でさばくバッティングが抜群にうまい選手だった。

もう1つ、内角球の対応テクニックとして私が使っていたのが「カット」だった。カウントを追い込まれた状況で、逆方向に意識を置きながら球種としてはフォークボールにやや比重を置いて構えたとする。ところが、内角にストレートが来た。それを三塁ベンチ方向にファウルで逃げた。こうしてカットできれば、次からは「内角を攻められても、大丈夫」と思って打つことができる。精神的にもラクになるし、バッテリーとの我慢比べに勝つことで変化球の割合が増え、的も絞りやすくなるはず。ただし、変化球に比重を置くことで、内角のストレートを空振りしてしまうようなピッチャーの場合は、そういう待ち方はできなかった。カットの技術では対応できない場面もあるということだ。

最後に同じ内角でも高低の違いについて触れておこう。内角高め、すなわちインハイのゾーンは顔に近いので、ピッチャーもバッターに恐怖心を植えつけようとして、どんどん投げてくる。ただ、私自身は、さほど気にならなかった。右ピッチャーの場合、前足を踏み込んでいくことになるので普通はよけづらいのだが、私は比較的逃げるのがじょうずなほうだった。また、左ピッチャーの場合、怖がって腰が引けてしまうと、打つことは不可能。確かにインハイを攻められると残像は脳に刻まれるが、「2球続けては、インハイに来ないだろう」という、自分なりの思い込みもあった。

もう1つが内角低め、すなわちインロー。足元にボールを集めることによって、ステップのリズムを崩そうとしているのだろうが、私自身の感覚としては、あまり意味がない攻め方だと思う。確かにヒザの関節などにボールが直撃すれば、試合に出られないほどの痛みを負うことになるが、インハイほどの怖さはない。

以上、内角球をめぐる攻防について触れたが、最近のプロ野球界は、内角を狙ってその内角にしっかりストレートを投げられるピッチャーが減りつつあるのではないか。キャッチャーが内角にミットを構えても、ボールが真ん中寄りに行くピッチャーが多いように思う。では、ほとんどのピッチャーが攻めていないのか、と言えば、そうでもない。「このピッチャー、攻めてきてるぞ」という空気は、内角のストレート以外からでも伝わる。私は、変化球でもしっかり腕を振ってホームベース上に大胆に投げる投手からは、攻めの姿勢を感じた。逆に、明らかにホームベースの外のボールゾーン目がけて変化球を曲げてきたり、同じストライクでもギリギリのコースを狙ってきたりする投手は、逃げているように感じた。

ピッチャーの弱気は、マウンドでの表情にもあらわれる。今、どのピッチャーが攻めているのか。そのピッチャーに対して、バッターはどう立ち向かうのか。みなさんもそういう視点でプロ野球の試合を見ることによって、きっと新たな面白さに出合えるはずだ。

自分に合ったバッティングを心がける

さて、基本的にストレート待ちで変化球に対応していく中で、打球方向としてはどのあたりを私は意識していたのか？　答えはすでに書いたとおり、「センターから逆方向」だった。バッティングの基本は、センター返し。これはすべてのバッターに当てはまることだと思う。私もバッティングの調子が悪くなったときほど、ピッチャーの足元に強い打球を打つことを心がけた。もちろん、ピッチャーもそうはさせまいと思って投げるので、すべてのボールをセンターに打つことは不可能だ。それでも、ピッチャーの足元を意識すれば、少なくともスイングの形が崩れることはない。大きい当たりを打とうとすると、上体をあおる形になり、アゴは上がり、顔は斜め上を向いてしまう。それを防ごうというわけだ。

ただ、そのときの状況を考慮したうえで、もっと打球方向を絞ることもあった。例えば、無死あるいは一死で、ランナー一塁の場面。ピッチャーとしては、左バッターの私には引っ張らせたくないところ。ランナーの背後に打球を飛ばすことが、進塁打の鉄則だからだ。

したがって、ピッチャー側は、外角にストレート、または外角に逃げる変化球を集めてくることが予想できる。そこで、私はそのストレートや変化球を狙い打ちにして、打球を三遊間に運ぶ。イメージどおりのボールをイメージどおりにとらえてヒットにしたこともあった。

そして、次の打席では、「さっきは外角球を打ったから、今度は内角を攻めてくるだろう」という読みのもと、内角球をライト線に運んでヒットにしたこともあった。こういうときは、なんとも言えない快感を覚えるものだ。

しかし、これもすでに説明してきたように、引っ張りの意識が強すぎると、バッティングが崩れていく。私は2番という打順を任されることも多かったのだが、ランナー一塁の場面ではクリーンアップへのつなぎ役として進塁打をよく求められた。そのためには外角に来たボールも一、二塁間に転がさなくてはならない。外角球を引っ張ろうと思ったら、ボールに対してヘッドを引っかけるようにバットを出していく必要がある。若干《じゃっかん》のドアスイングは覚悟のうえで、ヘッドから先に出していくのだ。元巨人の篠塚和典《かずのり》（旧登録名：利夫《としお》）さんはこのテクニックを使って、いとも簡単に一、二塁間へゴロを打っていたが、私はやはりバッティングが崩れてしまうので、苦手だった。

一方で、ヘッドを引っかけるようにして打つのは、ホームランバッターの特徴でもある。

先端部分を重くしたバットを使い、遠心力を利用して逆方向にも大きな打球を飛ばしていく。篠塚さんの技術が「柔」なら、長距離打者のそれは「剛」といった感じだろうか。

私は現役時代に通算171本のホームランを打った。その中にはレフトスタンドに放り込んだものも含まれているが、言うまでもなく、私はホームランバッターではない。とくにストライクを先行されて不利なカウントになったときや、ランナーがいる場面では、少しでもヒットの確率を上げるために、面で打つバッティングを心がけた。

51ページで述べたように、私も高校時代は、引っ張りのバッティングだった。しかし、プロ野球の選手としては小柄で、背筋が強いわけでもない。人それぞれ、体の大きさも筋力も異なる中で、立浪和義にとっては、面で打つことが「自分に合ったバッティング」だったと思う。

1打席目を大事にせよ！

基本的に、ストレート待ちで変化球に対応する。打球方向はセンターを意識する。ここまでは1つの打席の中での考え方について記してきた。では、1試合の流れの中ではなにを考えてバッティングに臨んでいたのか。これについて、少しお話ししよう。

プロ野球の世界に入るバッターは、なにかしら光るものを必ず持っている。ところが、プロのピッチャーが投じるストレートや鋭い変化球を打ち返してやろうと気負うあまりにバッティングを崩し、徐々に輝きも失われていく。私はこういう選手を何人も見てきた。

バッティングは紙一重の世界。どんなに鋭いライナーを打つことができたとしても、それを野手に好捕されると、「今度は、より遠くに飛ばしてやろう」と考えてしまい、打撃が崩れるきっかけになりかねない。逆に、バットの根っこに当たったどん詰まりのフライでも、野手と野手のあいだに落ちてヒットになれば、スランプ脱出のきっかけになることもある。

スコアボードに「H」のランプが点灯するか、しないか。それによって気持ちは大きく違ってくる。例えば、その試合の1打席目にどん詰まりであってもヒットを打つことができれば、2打席目では次のように考えることが可能になる。

「1打席目に打ったあのボールは、もう来ないだろう。だから、2ストライクまでは思いきって別のボールを狙ってみよう」

気持ちに芽生えた余裕が、大胆な待ち方を可能にさせるのだ。したがって、私は1試合の流れの中では、1打席目をとても大事にした。そして実際にヒットを打ち、球種が絞りやすくなる状況を作る。この繰り返しがセ・リーグ歴代2位となる通算175回の猛打賞につながったと思う(猛打賞セ・リーグ1位は、元巨人・巨人監督、現巨人終身名誉監督の長嶋茂雄さんの186回。日本記録は、元東映フライヤーズ、巨人などの張本勲さんの251回)。

代打になって痛感した初球の大切さ

1打席目を大事にする。ただし、これはレギュラーとして試合に出ているからこそ成立する考え方だ。現役時代の終盤、代打として起用されるようになると、その1打席が勝負の舞台となる。そこで痛感させられたのが、初球の重要性だった。

代打の場合、あらかじめ「初球はこれを狙っていこう」と決めてバッターボックスに入ることが多いが、初球の結果で、2球目以降の組み立てが変わる。最も手っ取り早いのは初球を打つことだが、狙いどおりのストレートがストライクゾーンに来ても、タイミングが合わずに見逃してしまうことがよくあった。みなさんも試合を見ていて、「どうして、あのストレートを打たないんだよ！」という感想を持たれたことがあると思うが、あえて言い訳が許されるなら、これが1打席しかチャンスがない代打の難しさなのだ。

もちろん、狙いが外れて悔しい思いをしたこともあった。例えば、「この場面は相手のピッチャーも丁寧《ていねい》に攻めてくるに違いない。初球は外角低めのギリギリのコースに、得意の変化球を投げてくるはず」と考えた。こちらの気持ちとしては「じっくり見ていこう」に傾いている。そこへ初球、ど真ん中にストレートが来た。「アッ！」と思ったときには、もう遅い。簡単に1ストライクを与えてしまうことになる。

初球から打ちにいく。バットを振る体勢を整える。代打でヒットを打つためのポイントだ。代打でしっかり初球からバットを振る選手を見ると、素直に「すごいなあ」と感じる。「初球から打ちにいって、もし凡打になったら、なんだかもったいない気がして……」

こう考えて、バットを出すことにためらいを覚える人も少なくないはず。しかし、カウント的に追い込まれてもなお高い打率を残せるバッターというのは、プロの世界にもそうはいない。2ストライク後よりも1ストライクの状況で、さらに1ストライク後よりも0ストライクの状況で打つことが、ヒットの確率を上げるカギになる。

ただ、初球の見逃し、そのすべてが否定されるものではない。中には「意図を持った」見逃しもある。10年のクライマックスシリーズで、次のようなシーンがあった。

マウンドには、中日の吉見一起《かずき》投手。バッターボックスには代打で起用された巨人の矢野謙次選手（現北海道日本ハム）。矢野選手は初球、2球目とストレートを続けて見逃し、簡単に2ストライクを取られた。そして3球目。吉見投手が投げたのは、またもストレート。ところが、矢野選手はまたしても、手を出さない。コースが外れたためカウントは1ボール2ストライクとなったが、もしストライクゾーンに来ていれば、見逃し三振だったたと思う。

矢野選手の意図は、少なくとも3球目までは徹底したフォークボール狙いにあったのではないか。ストレートは捨てる。だけど、フォークが甘く入って来たら、絶対にとらえる。3球続けてストレートが来たら、「失礼しました」と言ってベンチに引き揚げる。実際、ストレートが続いたことで矢野選手は不利な状況に立たされてしまい、この打席は凡退となったが、代打で好結果を残すにはそれぐらいの踏ん切り、大胆な待ち方も必要だということなのだ。

私は40歳を前にして代打中心の役割となったが、同じような状況なのが、今の阿部慎之助選手（巨人）。岡本和真《かずま》選手の成長もあり、18年はＤＨがあるパ・リーグ主催の交流戦以外では、多くの試合で代打の切り札としてベンチで待機している。ここ一番という場面で結果を残すのは、スタメンで出ているときとは異なるプレッシャーを感じるもので、代打での打率2割5分は、通常の3割に匹敵《ひってき》するとも言われる。阿部選手に限らず、各球団に代打の切り札的な打者が存在するが、そういった選手たちがどのようなパフォーマンスを見せるか。とくに初球、自分が打席に立ったつもりになって、その対応に注目してほしい。

踏んぎりVS開き直り

気持ちに踏ん切りをつけて、大胆な待ち方をする。それがピタッとハマることもあれば、いかにも悔しいバッティングで終わってしまうことがある。

例えば、狙っていないボールに、思わず手が出るケース。空振りか、あるいはバットに当たってしまうのか。それが初球ならば、「空振りしたほうがいい」と私は考えていた。当然、ストライクが1つ増えるが、そこからまた仕切り直せるからだ。しかし、へたにバットにチョコンと当たると、だいたいボテボテの内野ゴロ。打撃の状態が悪いときほど自分からボールを追いかけているので、バットに当たってしまう傾向が強まる。バッターが避けたいのは、状態の悪さをバッテリーに察知されること。「こいつ、全然怖くないぞ」と判断したピッチャーは、余裕を持った投球が可能になり、初球からどんどんストライクを取ってくる。

バッターの意識として、初球は強く振っていきたいもの。言い方を変えると、バットを強く振れるゾーンに的を絞って待つべきだ。初球から打ちづらそうなボールを待つべきではない。したがって、逆にピッチャーは「そこそこの」コースに投げられれば、十分にストライクは取れるはず。ところが、「こいつ、当たっているぞ」と思われるバッターを迎え、ピッチャーが打たれたくないという意識を持ち始めると、「丁寧に投げなきゃいけない」という気持ちが腕の振りを鈍らせる。その結果、明らかにホームベースを外れたボール球になりがちだ。こうなると、状態がいいバッターはますます余裕を持てる。

過去のデータ、対戦成績も、時としてピッチャーを萎縮《いしゅく》させる。「この前は、あの球を打たれたなあ」と意識した時点で、ピッチャーは崖《がけ》っぷちに立たされる。その結果、厳しいコースを狙ってカウントを悪くする。そう考えると、試合に向けての過剰なミーティングもいかがなものか、という気がする。バッターにとっていやなのは、開き直って投げてくるピッチャー。過去の対戦成績にとらわれず、どれだけ開き直れるか。ピッチャー対バッター、勝負の行方を決めるカギはそれぞれの気持ちが握っていると思う。

カウント3-0から狙ってみる

バッターボックス内での気持ちの揺れ動きに関して、次のような質問を受けたことがある。

「チャンスの場面でボールが先行したとき、あくまでも打っていきたいのか。それともフォアボールでもOKなのか。ヒットが欲しいという気持ちと、最低限出塁したいという気持ちがぶつかり合うことはなかったのでしょうか？」

まず言えるのは、そのときのバッティングの状態によってフォアボールに対する受け止め方が変わってくるということ。明らかにこちらが不調のとき、にもかかわらずピッチャーが必要以上に私を警戒してフォアボールをもらえたなら、それはラッキー以外のなにものでもない。しかし、こちらがそこそこ好調のときは、3ボール0ストライクの状況から、ストレート一本に的を絞って打ってみたいと思っていた。

一般的に、ボールが3つ続いてバッター有利のカウントになれば、監督からはフォアボールの可能性を考えて「1球待て」のサインが出ることも多いと思う。ピッチャーの荒れ具合にもよるが、確かに1球待ったほうが出塁の確率は高いだろう。

しかし、例えば次のバッターが絶不調でヒットが期待できそうにない状況だとしたら、監督としても「最終的には打ってほしい」と考えているはず。であるならば、3－0から1球ストライクを見逃して3－1から打っていくのではなく、3－0の場面で狙っていくという選択肢があっていいと思う。なぜなら、私の経験上、カウント3－0後にピッチャーがストライクを取りにくる場合、甘いコースにストレートがスーッと来ることが多いからだ。ピッチャーも「ここはバッターも打ってこないだろうし、とにかくコントロール重視で」と考えて、力をセーブしているのではないか。だからこそ、狙い目だと思う。

ところが1球待った結果、カウントが3－1になると、今度はピッチャーも「絶対に打ってくる」と踏んで、変化球を投げてくるかもしれない。実際に投げてくるかどうかは別にして、そうやって、あれこれ考え始めること自体、バッターにとってマイナス材料なのだ。

私は現役引退後、外から冷静に試合を見るようになったが、だいたい「次はこの球種が来るぞ」と言い当てることができる。しかし、現役時代はバッターボックスに入ると、様々な推測が頭の中を駆けめぐったものだ。とくに自分の調子が落ちているときは、よけいなことを考えるケースが多かった。

「たぶんストレートが来るだろう。でも、もしフォークボールが来たら、どうしよう。いや、絶対に落としてくる。振るなよ、振るなよ……。でも、ストレートが来たら対応しなきゃダメだぞ。ストライクを取られてカウントが3－2になると、今度はこっちが不利になるし。でも、やっぱりフォークかな」

そうやって堂々めぐりをしているうちに、結局はストライクゾーンからボールゾーンへ落ちていくフォークボールを投げられて空振り、ということが何度となくあった。

ファンの方にしてみれば「カウント3－1から、なんであんな球を振るんだよ」と思うだろうが、誤解を恐れずに申し上げるなら、「バッターなんて、こんなもの」。

だからこそ、打率3割で好打者と評価される。だからこそ、打率4割が夢の数字なのだ。

四球の数と打率の相関関係

ここで、みなさんにクイズを出してみよう。

「フォアボールには、どんな種類がありますか？　具体的に答えなさい」

な～んだ、簡単じゃん。普通のフォアボールと、敬遠のフォアボールでしょ。そう思ったあなた、残念ながら、50点の解答だ。確かに、スコアブック上の記号では、普通のフォアボールと敬遠のフォアボール（故意四球）しか区別されない。ただ、普通のフォアボールに関して、記号にあらわれない部分で細かく分類することができる。

例えば、バッターは打ち気満々でピッチャーも逃げてはいないのに、ただ単にストライクが入らない「1人相撲型」が1つ。先ほど触れた「勝手に警戒型」もこのタイプに属するだろう。また、ピッチャーの制球力は決して悪くないのだが、バッターがじっくりボールを選んでもぎ取った「見極め型」もよくある。

そして、もう1つ。普通のフォアボールの代表例が、バッテリーの思惑として半分歩かせてもいい感じで投げていった末の四球。なにか名づけるとすれば、「誘い水型」とでも言うべきか。「誘い水型」のフォアボールは、さらに2つのタイプに分けることができる。

まずは、長打力があって、なおかつ高打率も残せるような真の強打者に対する「誘い水型」。具体的には、ピンチの場面で、ひとまずキャッチャーも腰をおろして勝負にいっているように見せてはいるけれど、万が一にも打たれてはいけないので、はっきりとしたボール球を投げてくる。事実上の敬遠だが、もしやバットを振ってくれれば儲《もう》けものという狙いがある。

17年、フォアボール（故意四球を除く）が最も多かったのは、93個の筒香嘉智選手（横浜DeNA）。相手バッテリーが「長打を浴びるぐらいなら……」と、大事な場面で勝負を避けて、歩かされることが少なくなかった。本人の選球眼の向上と同時に、侍ジャパンでも4番を張る筒香選手の存在感も後押しして、到達した数字とも言える。

もう1つが、私のように長打力のないバッターに対する「誘い水型」。やはりピンチの場面で、歩かせてもいいと半分は思いつつ、しかし初めから、はっきりとしたボール球を投げてくることはない。いわゆる「まともには来ない」というピッチングだ。

この場合、たとえボールが2つ先行してバッティングカウントになったとしても、相変わらずまともにはストライクを取りに来ないだろうと考えてしまうので、よけいに打ちづらい。私のバッティングの状態がいいときであれば、明らかなボール球を投げて「次のバッター勝負」になるのだろうが、状態がさほど良くないからこそ誘い水をまいてくるのであって、私としては待ち方がとても難しくなる。

さて、このような「誘い水型」であっても、「見極め型」であっても、最終的に粘った末にフォアボールが取れれば、正直うれしい気持ちになる。ストライクを2つポンポンと取られ、カウント0－2に追い込まれたあとにもぎ取ったときなどは最高の気分だ。ところが、私の現役生活を振り返ってみると、四球の数と打率は反比例する関係にある。つまり、四球が多いシーズンは、打率が悪い。数字を挙げて、説明してみよう。

私は91年の74個を皮切りに、都合5シーズンで70個以上のフォアボールを選んでいる。

DeNAでは不可欠な中軸の筒香嘉智選手。力強い打撃だけでなく、選球眼もハイレベル。

その5シーズンの中で、最高打率は91年の2割9分。自身最多の83四球を選んだ94年は、打率2割7分4厘。2シーズン続けて70四球以上となった97、98年は、それぞれ打率2割6分9厘、打率2割7分2厘に終わっている。

一方、私は現役時代に都合7シーズンで打率3割をクリアしたが、その7シーズンの平均四球数は約53・6個にすぎない。最多でも96年（打率3割2分3厘）の69個。打率3割2厘の02年と打率3割8厘の04年は、いずれも45個だった。

この因果関係を私なりに分析してみると、フォアボールの多さはカウント0－2まで追い込まれていることの証《あかし》のような気がする。つまり、好調時はファーストストライクから打ちに出て、ヒットを放つことができる。逆に不調時は、ファーストストライクをとらえきれない。したがって、どうにか粘っていくしかない。結果として四球が増える、ということなのだと思う。

最後に、18年から導入された「申告敬遠」についても触れておきたい。初めは、現場の選手や指導者、そしてファンにも「なに？　そんなの野球じゃないでしょう」という気持ちがあったと思うが、シーズンが進んでいくと、意外に慣れてくるものだ。ピッチャーとしてもバッターとしても、いい意味で割りきることができる。敬遠球を投げるのが苦手なピッチャーもいるので、当人だけでなく、喜んでいる首脳陣も多いのではないだろうか。

打率3割と打率3割3分の違い

シーズン打率3割。ホームランや打点を稼げるタイプではない私にとって、この成績は「そこそこ働けたかな」と感じられる1つの目安だった。シーズン中も、毎日スコアボードに表示される打率は気になる。打率が低いと、相手に見下ろされているような気分に陥《おちい》る。

打率3割をクリアできるかどうか。その分岐点は、「いかに甘いボールを、打ち損じなくとらえるか」だと思う。もちろん、ときには145キロを超える内角ギリギリのストレートをヒットにしたが、私にしてみれば、「たまたま」の感は否めなかった。

「甘いボールを打ち損じない」が打率3割クリアの条件ならば、打率3割3分超えの条件は、「打てるポイントを数多く持っていること」だろう。元西武・中日の和田一浩選手は、スイングが豪快なので、粗そうな感じもするが、苦手なコースが見当たらなかった。高めも低めも強く、内も外も打てる。そのときのボールの絞り方や相手バッテリーとの駆け引きで条件は変わるが、狙っていればヒットにできるコースが多く、2度(03、10年)の打率3割3分超え。

また、18年の日本復帰後、4000打数に達して通算打率トップに躍り出た青木宣親《のりちか》選手(東京ヤクルト)は、メジャー挑戦前、4度(05、07、08、10年)の3割3分超えを果たしている。

首位打者3回の青木宣親選手。2018年5月に、3割2分8厘で歴代通算打率の首位に。

私もそれほど苦手なコースはなかった。しかし、自己最高のシーズン打率は96年の3割2分3厘。その要因は、夏場のへばり。安定した成績を残すバッターは、夏の訪れとともに打ち出す印象がある。ピッチャーがバテる夏場に成績を上げることで、タイトルに手が届く。

私も気持ちを切らさないように頑張ったつもりだが、体力のなさを気持ちでカバーすることがなかなかできなかった。首位打者のタイトルも一度は取ってみたいと思っていたが、結局、96年の3位が最高成績だった。心技体、3拍子揃《そろ》うことがタイトル獲得の絶対条件なのだ。

ナゴヤドームに潜《ひそ》んでいた罠《わな》

夏場を迎えると、バットが重く感じる。しかし、1打席目にヒットが飛び出すと、不思議なものでさっきまで重かったバットが次の打席では軽く感じられる。ヒットにまさる薬はないということだ。夏のナゴヤ球場の暑さに苦しめられてきた私にとって、新たな本拠地・ナゴヤドームの涼しさは大歓迎だった。ところが、移転元年の97年、私の打率は、前年の3割2分3厘から、2割6分9厘へと大きく落ち込んでしまった。

その理由を自己分析すると、1つには人工芝による肉体の負担増があった。完成当初、ナゴヤドームの人工芝はかなりの長さがあり、ふかふかのじゅうたんの上を歩いているかのような感触だった。これなら、ヒザや腰に負担がかからないだろう。初練習に臨むにあたって安堵《あんど》したのも束《つか》の間《ま》、その初練習でいきなりヒザに水がたまってしまった。人工芝が柔らかすぎたのだ。ヒザを痛めたことによるひずみは、やがて腰の痛みとなって噴き出した。その点、ナゴヤ球場のような土のグラウンドは、守備についた際にイレギュラーの不安を引き起こすが、下半身にとっては極めて優しい造りになっている。

また、ナゴヤドームで基本的にホームゲームの降雨中止がなくなったことも、私の肉体に少なからず影を落とした。試合が雨で流れるとシーズン終盤が過密日程になるが、その場はひとまずしのげる。6連戦のうち1試合でも中止になると、心身両面でホッとひと息つける。

もちろん、ドーム球場ならではの長所もある。それは風が吹かないこと。私の現役時代は千葉マリンスタジアムと呼ばれた、今のZOZOマリンスタジアムでの試合に象徴されるとおり、強風はまず、守っている野手を悩ませる。フライが上がると、あたふたする。さらに、強風はピッチャーたちを「魔球の使い手」へと変身させる。私も千葉マリンスタジアムで試合をした経験があるが、当時、千葉ロッテのエースだった清水直行投手のストレートが、手元でホップしたことを鮮明に記憶している。外野スタンド上部から流れ込む強烈な海風が、バックネット付近の壁に当たって、今度はピッチャーへの向かい風となった瞬間、ボールに浮力を与えるのだ。一方、変化球は向かい風にぶつかることで、曲がりが大きくなる。

もう1つ、あまり語られることのない風のいたずらがある。それは、バッターボックスでバットを構えたとき。私の右頬《みぎほほ》に海風が当たることによって、それまで高めていた集中力が失われてしまう。これが実にやっかいだった。

春先の冷え込み、梅雨どきのうっとうしさ、そして、真夏の暑さ。屋外球場の試合では、これらの自然現象がたびたび「10人目の敵」となる。しかし、私にとっては、風が最大の敵だった。そこを気にせずに済むのだから、ドーム球場を悪く言ったら、バチが当たる。

ただ、97年に2割6分9厘へと落ち込んだ打率は、翌98年が2割7分2厘。そして、チームが11年ぶりのリーグ優勝を飾った99年も2割6分6厘と、低迷期が続いた。

打撃不振の主たる要因は、ナゴヤドームの「広さ」にあった。

97年4月4日。シーズン開幕戦となった横浜戦で、私は第1打席にホームランを打った。ナゴヤドーム公式戦第1号となるメモリアルアーチだったのだが、広くなった本拠地でいきなり本塁打を放ったことで、無意識のうちに長打を欲しがるようになり、バットが下から出るようになった。本来、ホームランバッターではないのに、自分を見失ってしまったのだ。

また、外野フェンスが後方に下がったことで、ヒットゾーンが増えるという感覚に陥ったことも災いした。確かにグラウンドが広くなった分、外野の空白地帯は増えたが、逆にナゴヤ球場であれば左中間や右中間のフェンス直撃という打球がキャッチされるようになってしまった。すると「もっと強い当たりを打ってやろう」と思うのがバッター。しかし、この野心が力《りき》みとなり、バッティングが崩れていった。知らず知らずのうちに、バッターの基本でもある「ピッチャーの足元を狙う意識」が薄れてしまった。私にとって大きな分岐点となったナゴヤドームへの移転だが、今、振り返ってみても、本当に苦しい3年間だった。

向上心との内なる闘い

20世紀最後のシーズンとなった00年。私は4年ぶりに「そこそこ働いた」目安となる打率3割3厘を記録した。その後、02年に3割2厘、04年に3割8厘と、1年おきに3割超えを果たしたが、なかなか2シーズン連続というわけにはいかない。結局、2年続けて打率3割をクリアできたのは、95&96年の一度きりだった。

10回の打席のうち、たとえ7回失敗しても、残りの3回でヒットを打てば評価される。それが打率3割。だからこそ、向上心が生まれる。もっと打てるんじゃないか。今年は打てなかったあのコースも、来年は打てるようになりたい。じゃあ、どうすればいいんだろう。バッターは現役引退するその日まで、向上心と表裏一体の関係で悩み続ける。

朝、ベッドから起きる。球場に行く。練習をする。試合に臨む。そして、家路につく。

シーズンが開幕すると、ほとんど毎日、同じことを続けていって、月日が過ぎる。バッティングも同じことをやっていると、自分でもわけがわからなくなることがあった。毎日同じようにバットを振っているはずなのに、ヒットが出る日もあれば、出ない日もある。どこに原因があるのだろう。考えれば考えるほど深みにハマっていくのがバッティングだ。

今日はヒットが出なかった。家に帰った。鏡の前で考えた。明日はこういうイメージで打ってみよう。ハッと気づくときもあった。これだ。バットを振ってみた。うん、これだ。球場に行くのが楽しみになった。ぐっすり寝た。朝、起きた。球場に行った。フリー打撃で試してみた。ん？　これは違う。よけい悪くなったぞ……。そんなことの繰り返しだ。

もちろん、あれこれ考えなにかを変えた結果、プラスに作用したこともあった。しかし、一方で好成績をおさめたバッターが、もっと上を目指そうとしてフォームに微調整を加えた結果、翌年はかえって成績が悪くなったというケースをいくつも目にしてきた。

これはあくまでも私見だが、バッターは向上心を持ちつつも、好調時のフォームでずっと通していくのがいちばんいいと思う。私自身、毎年2月1日のキャンプインにあたっては、好調時のイメージだけをいだいて、それ以外のことはあまり意識しないようにしていた。

ただ、ベテランと呼ばれるような年齢に差しかかってからは、多少考え方が変わった。体力は徐々に衰え、故障箇所も増えていく中で、いつまでも若いころの好調時のイメージを追いかけていては、失敗する。「昔は、こういうボールを、こうやって打っていた」という記憶を捨て、その時々の現状の中で最善を尽くす。それこそがベストだと考えるようになった。

第1章で、現役最終年に前足の上げ方を変えたエピソードをお話ししたが、それが当時の私が考えた最善の選択だったということ。自分自身の向上心と、どのように向き合うか。バッターにとって永遠のテーマなのかもしれない。

「立浪流」スランプ脱出法

先に「04年のシーズンは、開幕から不振が続いた」と述べたが、このときでさえ、シーズン1本目のヒットは、開幕戦の第3打席で生まれていた。しかし、引退前年の08年シーズンは、開幕から19打席、ヒットが出ずに苦しい思いをした。08年はすべて代打での出場だったため、すなわち19試合連続ノーヒットということになる。

ようやくシーズン初安打を記録したのは、ゴールデンウィーク明けの5月8日。私はどちらかと言えば開幕戦に強いタイプで、スタメンで出場した18シーズン中、14試合でヒットを打っている。開幕戦がノーヒットに終わった4シーズンも、翌日の2試合目でヒットを打つことができた。ただ、たった1試合でも開幕からヒットが出ないと、「もう今年は

1本も打てないんじゃないか」と、弱気の虫がうごめき出す。それが、08年は19打席、日数に換算すれば約40日も続いたわけなので、悩みは深いものがあった。

バッターボックスに立ったとき、野手が大勢いるように見える。「ここにこういう感じで打とう」とイメージしても、野手の正面に飛びそうな気がする。まるでヒットコースが見えてこない。それがスランプ時の精神状態だ。焦《あせ》りが力みを呼び、力みがフォームの乱れにつながる。しかし、なかなか自分ではその乱れに気づかないもの。第1章で触れたように、頭のてっぺんから串《くし》を刺したようなつもりでバットを構えなきゃいけないのに、どうしてもボールを追いかけようとするあまり猫背になってしまう。

こういう状況で頼りになるのが普段から自分のことを見てくれている人だ。私の場合、バッティングピッチャーの方からアドバイスをもらったり、あるいはスコアラーの方と一緒にビデオを見て研究したりすることで、スランプからの脱出を図った。

普通は打撃コーチから指導を受けるものなのだろうが、私はプロ1年目からレギュラーとして使っていただき、また早い時期からそれなりの成績を残せたことで、コーチの方も遠慮があったのか、細かい部分まであれこれ言われることがほとんどなかった。

「立浪さんにとって、打撃の師と呼べる方はどなたですか?」

しばしばこのような質問を受けるが、私はそのたび、答えに窮《きゅう》してしまう。なぜなら、小学4年で野球を始めて以来、誰か特定の人にバッティングを教えてもらったという経験がないからだ。もちろん、様々な方から叱咤激励《しったげきれい》され、実際にコーチの方々から貴重な助言もいただいたが、最終的には自分の中で消化して、自分で1つひとつ、殻を破ってきた。

正直、自分でなにもかも考えるというのは苦しいことなのだが、どうすれば確率良く打てるのか。それを考え続けたことが、22年間プロでやれた要因だと思う。

この項のまとめとして、自分なりのスランプ脱出法を紹介しておこう。まあ、脱出法というのも若干オーバーなので、スランプ脱出のきっかけぐらいにとらえてほしい。最良の薬は、ヒットを打つことだが、たとえヒットが打てなくても、ボールの見逃し方がいいきっかけになることがある。第1章でも触れたが、自分のステップの幅を見て「こんなに広かったら体も回転しないし、打てないな」と感じることができれば、そこから光が見えてくる。

ステップの幅を確認するために、わざと実戦の場で初球を見送ったこともあった。みなさんもバッティングの調子が悪いと思ったら、ぜひ、自分の足元を見つめてみていただきたい。

もう1つ、下半身のキレを作るために、よく走った。外野フェンスに沿って走ったり、30メートルダッシュを全力で10本やってみたり。メニューはそのときによって異なったが、走ることでモヤモヤとした思いがリセットできるという効果もあった。こと下半身については、どれだけ鍛えても鍛えすぎということはない。みなさんも、どんどん走ってほしい。

1番打者と5番打者の難しさ

プロ1年目の88年シーズン開幕戦、私は2番という打順を任された。それ以降、現役を退《しりぞ》くまでに、8番を除くすべての打順を経験した。1年目の4月中旬には、「9番ショート」で先発出場したこともある。

任される打順によって、求められる役割は異なる。したがって、バッターボックス内での意識も当然違ってくる。若いころに起用されることが多かった1番という打順で難しいのは、初回の打席だ。なにより、「ヨーイドン」で迎える打席には重圧がかかる。そして、ホームゲームのときは、守備が終わると急いでベンチに戻り、スパイクを履《は》きかえてバッターボックスに向かうことに、せわしなさも感じる。

初回の先頭打者の役割として、相手ピッチャーになるべくボールを投げさせて自分のチームに情報を与える、というものがある。粘った末のフォアボールなどは理想的な結果と言えるが、私自身は初球からあくまでも好球必打で向かっていった。

初球から打ちにいって、例えばポーンと内野フライを打ち上げると、ピッチャーに余裕を与えてしまう。「ああ、もったいないことしたなあ」と後悔の念が頭をよぎることだろう。

ただ一般的に、追い込まれたあとに打つよりも、若いカウントで打つほうがヒットの確率が高いのも事実。そこで、好球必打。強くバットを振れる球だけを絞って待つようにしていた。すべてのボールをがむしゃらに狙っていくのではなく、そうかといって初めから見逃すことは考えない。バットを振ることによって、タイミングもとれていく。打ちにいった中で、ボール球についていては見極めていくというのがベストだと思う。

もう1つ、1番打者として難しさを感じたのが、二死ランナーなしで打順が回ってきたときだ。つまり、8番と9番で2アウト取られ、その9番バッターがピッチャーというケース。このとき、1番の私としては、なるべく粘ることで、ピッチャーに呼吸を整えてもらわなくてはならない。無死一塁から9番のピッチャーが送りバントに失敗、ダブルプレーで二死になった場合などは、なおのこと時間を稼ぐ必要がある。

したがって、少なくとも初球は打たないというのが決まりごとのようになっていた。

「お前、初球は打ってこないよな」

91年5月23日、岐阜・長良川《ながらがわ》球場での広島戦。キャッチャーの達川光男《たつかわみつお》さん（元広島・広島監督、現福岡ソフトバンクヘッドコーチ）が、二死ランナーなしの場面で冗談半分にささやいてきたことがあった。その初球、マウンドの北別府学《きたべっぷまなぶ》さんが投じたボールは、外角寄りの甘いストレート。私は好球必打の精神で、バットを振り抜いた。結果は、なんとホームラン。

「お前が初球を打つから、あれから、北別府に1週間、口きいてもらえんかったよ」

達川さんは今でも、私と会うたび、冗談まじりに恨《うら》み節《ぶし》をぶつけてくる。初球でも、ヒットを打てばいい。セオリーがあるようでいて、実はない。それもまた、野球だということだ。

初めて、クリーンアップの一角の3番を任されたのは、プロ5年目、92年シーズンの開幕戦だった。94年8月3日の阪神戦で、5番を初体験。さらに02年7月7日の横浜戦では、生まれて初めて、4番に起用された。子どものころからの打順は、1番か3番。「4番を打ってみたい」などと考えたことさえなかった。なにより私には、ずば抜けた長打力がない。02年のこのときは、レオ・ゴメス選手の故障リタイアによる緊急措置としての4番起用だったため、私としては「とにかく1試合だけ、いい働きができれば」という気持ちだった。

ところが結果は、1本塁打を含む3打数3安打2打点。するとこれ以降、翌03年の終わりまで、4番を打つことが多くなった。「ここでホームランが出たら、同点」というようなプレッシャーはなかなかかけられないため、相手にはラクな4番だったかもしれない。しかし、私自身は「いかに確実にヒットが打てるか」と自分の打撃だけを追い求め、たまたまチャンスの場面でヒットが出ることも多かったので、楽しかったというのが率直な感想だ。

プロの世界にすっかり慣れた15年目のシーズンに、新たな緊張感というか心の張りを与えていただいたという意味で、当時の山田久志監督（元阪急ブレーブス）には感謝している。

一方、同じクリーンアップでも、5番は難しさを感じる打順だった。主に初回の攻撃、まだ無得点の状況で5番にチャンスが回ってくると、だいたい二死一、二塁か二死一、三塁という形。仮に一死一、三塁ならば、「最悪、外野フライでも」と考えることができるが、二死だとヒットを打つしかない。「クリーンアップで、なんとか先取点を奪ってくれ」というベンチの期待感の中、凡打に倒れると空気が重くなるし、私自身もあとに引きずる。

4番が強打者であればあるほど、4番が敬遠のフォアボールで歩かされて、5番で勝負というケースも増えてくると思う。したがって、5番にはその重圧に耐えられるだけの、チームで最も強いハートの持ち主を起用するのがいいかもしれない。

そう考えていくと、私にとって最も打ちやすい打順は3番だった。そこそこ足が速くて、たまに長打も飛び出す私にとって、チャンスを広げる役割を求められることの多い3番は、あれこれ考えず自分のバッティングに徹することができる打順だった。

先ほど、「最悪、外野フライでも」とサラッと触れたが、私自身は狙って犠牲フライを打つことに、自信があった。03年には、セ・リーグ最多の10犠飛をマークした（プロ野球記録は15）。外野フライを打つには、ミートポイントを手元に近づけ、体の内側からやや遅れ気味にバットを出すこと。真ん中からアウトコースならば、センターから逆方向にフライが飛びやすくなる。左打ちの私の場合は、左中間方向への犠牲フライが多かった。

第3章 「好打者別」に学ぶ打撃開眼の秘訣～注目バッター列伝～

天性の内角打ちが光る坂本勇人、ドアスイングが矯正《きょうせい》された岡本和真

ここからは、近年、打撃力をアップさせて活躍している若手・中堅選手を中心に、個々の技術に迫ってみたい。なぜ、彼らは数字を残せるのか。なぜ、殻を破って成長できたのか。そのバッティングを解説していく。

本書の対談に登場してもらった巨人の坂本勇人選手は、2016年に打率3割4分4厘で首位打者を獲得し、18年も好調を持続。坂本選手の特長は、インコースに対するヒジの使い方のうまさにある。「天性のインコース打ち」とも称されることがあるが、プロの目から見ても、ヒジを抜く技術には天才的なセンスを感じる。「ヒジを抜く」というのは、右打者の坂本選手の場合であれば、左ヒジを体の外側にずらして、バットの芯《しん》を体の近くに持ってくる技術。そうすることによって、インコースであっても、芯でとらえることができる。インコースが苦手な読者は、坂本選手の打ち方をぜひ参考にしてみてほしい。

坂本選手のチームの後輩であり、高卒4年目の若さで、18年のシーズン途中に巨人の4番に座ったのが岡本和真選手だ。村田修一選手が着けていた背番号25を受け継ぎ、プレッシャーも感じていたとは思うが、見事なバッティングで首脳陣とファンの期待にこたえている。

伸び悩んでいた巨人の岡本和真選手だが、2018年に打撃開眼。4番を任される存在に。

入団時から、遠くに飛ばす能力とスイングスピードの速さには特筆すべきものがあった。ただ、カカト重心になりやすく、バットが体から離れていくドアスイング傾向で、インコースのストレートと外に逃げる変化球に弱さがあった。それが、18年シーズンに入ってからバットが体に巻きつくようなスイングに変わり、対応力が増している。

とくに成長を感じるのは、インコースのストレートに対するさばき方だ。ここを狙《ねら》っているときは、うまくヒジをたたみながらコンパクトに振り抜き、長打にする技術を身につけた。まず、一軍で活躍するにはインコースのストレートに対応できるかが大きなポイントになる。狙っていても差し込まれているようだと、インコースばかりが気になって、結果として外の変化球で崩《くず》されてしまうからだ。

岡本選手の場合は「数字」という結果が出たのも大きいだろう。打つことで、打席での雰囲気が生まれ、バッテリーの警戒度合も高くなっていく。そうなると、必然的にボール球が増え、それを見極めることができれば、バッター有利のカウントに持っていくことができる。

課題は、インコース攻めが続くと、やはりカカトに重心が乗りやすくなることだろう。こうなると、アウトコースの球に対して力強いスイングができなくなる。今後、相手バッテリーはさらに厳しい攻めをしてくるのは間違いなく、体に近いところを今以上に攻めてくるはずだ。状態が落ちてきたときに、どんな対応策を見せるか。そこに注目したい。

センスを感じる宮﨑敏郎、新天地で才能開花の大田泰示《たいし》

右打者として、球界トップクラスの技術を持つのが、横浜DeNAの宮﨑敏郎選手だ。入団5年目の17年に、打率3割2分3厘で首位打者のタイトルを獲得。第1章でも取り上げたが、あれだけ早く始動したうえで、ゆったり大きな動きでタイミングをとれるバッターはなかなかいない。さらに、どのコースでも芯に当てることができるバットコントロールを持ち、アウトコースは逆方向へ、インコースはクルッと体を回して、スタンドにまで持っていく。技術力で見ると、日本トップクラスの右打者と言っても過言ではない。

巨人時代はなかなか結果を出せなかったが、17年に北海道日本ハムに移ってから、秘めていた潜在能力が見事に開花したのが大田泰示《たいし》選手だ。巨人時代は8年間で9本塁打に終わっていたが、17年の1シーズンだけで15本塁打を記録。18年は攻撃的な2番打者として、日本ハム打線を引っ張っている。「球団が変わることによって、こんなにもプレーが変わるのか？」と驚いたファンも多いのではないだろうか。

日本ハムのいいところは、「結果が出なくても、ある程度は使い続ける」という点。巨人では少しでも打てない時期が続くと、スタメンを外されたり、マスコミから厳しく書か

れたりするので、大田選手のバッティングがどうしても小さくなりがちだった。わかりやすく言えば、打てなかったことがニュースになる巨人と、打ったことがニュースになる日本ハムという違い。日本ハムでの大田選手は、結果を恐れずに伸び伸びとプレーしている。

技術的には、もともと遠くに飛ばす能力は持っていたが、タイミングのとり方に課題があった。軸足に体重を乗せたあと、前足をステップするときに、「間《ま》」がなかったのだ。「イチ、ニッ、サン！」ではなく、「イチ、ニィィィ〜、サン！」の間だ。「ニ」のところでどれだけ、時間を作れるか。巨人時代も、調子がいいときはこの間がとれていたが、長続きしなかった。今はフォームが安定し、いい形でスイングできる確率が高くなっている。毎試合、4〜5打席立てる安心感が、いい意味での余裕にもつながっているのだろう。

ボールを呼び込む形が見事な**近藤健介**、前足の踏み込みがカギの**清宮幸太郎**

大田泰示選手と同じ北海道日本ハムでは、17年に規定打席にこそ達しなかったが、打率4割1分3厘と、驚異的な数字を残した近藤健介選手の打撃技術が際立っている。ボールを呼び込む形が素晴らしく、決して、自分からボールとの距離を詰めていくことがない。「さぁ、いらっしゃい」の形が、見事なまでに作れているのだ。だから、ボールになる変化球を振ることが少ない。当たり前のことだが、ボールゾーンよりもストライクゾーンを打ったほうがヒットの可能性は上がるわけで、それを実践できているバッターと言えるだろう。

高校通算111本塁打という記録を持って、鳴り物入りで日本ハムに入団した清宮幸太郎選手は、18年5月9日のオリックス戦でプロ入り初本塁打を放ち、ファームでは本塁打を量産。高校時代から感じてはいたが、素晴らしいバッターと見て間違いない。バットの軌道が美しく、「上から内から」のスイングで、フォロースルーも大きい。将来的に、日本を代表するホームランバッターになるだろうが、現時点での課題は、下半身の使い方、とくに前足の使い方にある。ステップするまでの形は安定しているが、前足を踏み込んだときの力が弱い。踏ん張りが弱いため、体が浮くのだ。今は天性とも言える上半身の柔らかさでホームランを稼いでいるが、一軍のエースクラスを攻略するには、前足の使い方がカギとなる。しっかり踏ん張れるようになれば、体の回転スピードが今以上に増すはずだ。

50本超えに期待の柳田悠岐、ヘッドが立つ上林誠知《うえばやしせいじ》、面でとらえる秋山翔吾《しょうご》

15年にトリプルスリーを達成した福岡ソフトバンクの柳田悠岐選手だが、スイングの速さ、強さ、迫力は、プロ野球界の中でナンバーワン。パッと見ると、粗いスイングに感じ

るが、2ストライクと追い込まれたあとには逆方向に打つ技術を持っているため、3割以上の数字をコンスタントに残すことができる。14年から4年連続で打率3割以上を記録し、17年末までの通算打率は3割1分4厘。ホームランだけではないのが、彼のすごさだ。ただ、彼ほどのポテンシャルがあるのなら、40本以上のホームラン、もっと言えば50本以上打っても、不思議ではない。それでも、17年までのキャリアハイは34本（15年）。これは、体がピッチャー寄りに突っ込み、ボールとの間合いを自分で詰めてしまうからだ。それを類《たぐい》まれなスイングスピードで補っているが、「さぁ、いらっしゃい」の精神で打てるようになれば、本塁打数は間違いなく増えていくはずだ。

同じ福岡ソフトバンクで、17年からレギュラーに定着した上林誠知《うえばやしせいじ》選手は、侍ジャパンの稲葉篤紀《あつのり》監督の現役時代によく似た打ち方をしている。グリップエンドよりもヘッドが上にある状態でスイングをするため、ヘッドを利かせたバッティングができるのだ。実際、低めを打つときにはグリップエンドよりもヘッドが下にくることはあるのだが、それでも、意識の中ではヘッドを立てる。手首の角度を変えずにボールをとらえる技術を備えている。守備ではスローイングも良く、今後の日本球界を背負う外野手になっていくだろう。

17年、打率3割2分2厘で首位打者に輝いたのが、埼玉西武の秋山翔吾《しょうご》選手だ。15年には216安打を放ち、シーズン最多安打記録を塗り替えた。一種、独特のスイング軌道を

まねできない独特のバットコントロールで、難しいコースの球を巧みにさばく秋山翔吾選手。

している左バッターで、バットを左肩の下あたりから振り出し、ボールの軌道にバットのラインを入れる技術に長《た》けている。点でとらえるのではなく、面でとらえる打ち方だ。そのため、少々差し込まれても、ヒットコースに飛んでいくことが多い。

また、秋山選手はインコースをさばく技術に優れていて、前述の巨人・坂本選手と同様に、投手側のヒジを体の背中側に抜くようなイメージで、バットの芯をボールにぶつけていく。バットのいちばん遠いところにある芯を、いかにしてボールに近づけていくかが、インコースを打つためのポイントとなる。

スイングスピードが速い山田哲人と鈴木誠也《せいや》

15、16年と2年連続でトリプルスリーを達成した東京ヤクルトの山田哲人選手は、スイングスピードの速さに長けている。スイングが速いということは、それだけ手元までボールを引きつけて打つことができるということだ。キャッチャーからすると、「見逃すのか?」と思ったところで、「スパン!」とバットが出てくる印象を持っているのではないだろうか。

17年は打率2割4分7厘など、全体的に数字を落としたが、ピッチャーとの間合いに苦しんでいたように見えた。山田選手ほどのバッターでも、間合いが崩れてしまうと、なか

スイングスピードの速さを誇り、トリプルスリーを複数回達成している山田哲人選手。

なか立て直すことができない。そのときの山田選手の姿を見て、バッティングの難しさを改めて実感した。18年は調子を取り戻してきているので、今後、またトリプルスリーも期待できそうだ。

18年シーズン、前年の足首の骨折から復帰した広島の鈴木誠也《せいや》選手は、筋力がさらに増して、飛距離が出てきたように感じる。彼もまたスイングスピードが速く、手元までボールを呼び込むことができる。逆方向にもホームランが打てるのは、そのためだ。トリプルスリーを成しとげるためにも、盗塁のスタート技術をさらに磨いてほしい。

タイミングのとり方がうまい丸佳浩《よしひろ》、打球の角度を持った吉田正尚《まさたか》

広島で鈴木選手のチームメイトであり、16、17年のチームのセ・リーグ連覇に貢献し、17年にはリーグMVPにも輝いた丸佳浩《よしひろ》選手は、タイミングのとり方が抜群にうまいバッターだ。ヘッドをホームベース側に倒してから、トップに持っていくのが特徴であるが、ああいう大きな動作はなかなかできないものだ。それを、丸選手は簡単にやってのけている。早く大きく動くことよって、「さぁ、いらっしゃい」で投球を待つ。バッターとしての基本ができている。

最多安打も記録し、2017年のセ・リーグMVPに輝いた丸佳浩選手。長打力も秘める。

オリックスの吉田正尚《まさたか》選手は、身長173センチと小柄ながら、18年のオールスターのホームラン競争では多くのアーチをかけ、観客を沸かせた。打球の角度を持った選手で、ボールのどこをとらえればホームランになるのか、感覚的にわかっているのではないだろうか。ただ、ケガが多いのが気になるところで、まだ1シーズン通して活躍した実績がない。下半身を意識してバットが振れるようになれば、今の8割ぐらいの力量でもスタンドに放り込むことができるはずだ。

ノーステップ打法でメジャーに順応した大谷翔平《しょうへい》

この章の最後に、18年からメジャーリーグで活躍する大谷翔平《しょうへい》選手（ロサンジェルス・エンジェルス・オブ・アナハイム）についても触れておきたい。一時、戦線離脱となったが、投打ともポテンシャルの高さを十二分に発揮しているのではないだろうか。

春のオープン戦でのバッティングは、17年までの北海道日本ハム時代と同様に右足を上げることでタイミングをとっていたが、レギュラーシーズンに入ってからはほぼノーステップに近い状態。手元で速く小さく動く、ムービング系のボールをいかにして攻略するか、そこから導き出された打ち方と言えるだろう。ノーステップにすることで、トップを早く

メジャーリーグのエンジェルスに移籍後は、ノーステップで打っている大谷翔平選手。

作ることができ、目線のぶれもなくなる。無駄な動きを削《そ》ぎ落とすことによって、よりシンプルなバッティングをすることができるのだ。大谷選手の場合はノーステップにしても、スタンドに放り込むだけのスイングスピードとパワーを持っているので、現時点での理想的な打ち方と考えていいだろう。

大谷選手から感じるのは、もともとのポテンシャルの高さだけでなく、自分自身で試行錯誤、創意工夫をしながら、「もっとうまくなるにはどうしたらいいか」を常に考えていることだ。現状に満足している感じがまったく伝わってこない。聞くところによると、生活面もしっかりとしていて、野球に合わせたコンディション作りを徹底しているとか。

18年7月5日に誕生日を迎えたが、まだ24歳。右ヒジの故障は残念ではあるが、大谷選手ほどの意識の高さがあれば、この経験を必ず力に換えてくれるはずだ。

第4章「一流投手・魔球」攻略法～対戦秘話&球種別対処のカギ～

大きく見えた桑田真澄《ますみ》先輩

ここからは私が22年間のプロ生活中に出会ったピッチャーの中から、先輩・後輩問わず何人かピックアップして、それぞれの対戦や、魔球のような変化球などの攻略法を振り返ってみることにする。対戦したことのない現役の好投手については、同様に対処法を考えてみた。

まずは、母校・ＰＬ学園高校時代に数か月ではあるが同じ時間をすごさせていただいた2歳上の先輩・桑田真澄《ますみ》さんだ。ご存じのとおり、桑田さんは高校卒業後、ドラフト1位で巨人に入団。プロ1年目（１９８６年）に2勝を記録すると、2年目には15勝をマーク。最優秀防御率に輝き、沢村賞も受賞するなど、先発ローテーションの柱として活躍していた。

そんな桑田さんとプロ野球の舞台で再会することになったのだが、実は高校時代にも2回ほどシート打撃で「対戦」の機会があった。もちろんそれまでにも、試合や練習の場で、桑田さんが投げるボールを遠くから見ていたが、いざ打席に立つと、想像以上にストレートは速く、またカーブの曲がり方にビックリしたことを覚えている。一度、浮き上がるような軌道を通ってから、急にブレーキがかかって落ちる。こんなカーブを見たのは初めてだった。

そして、なによりも圧倒されたのが、桑田さんの大きさ。身長自体は１７４センチなので、決して大きいほうではない。バッターボックスに入り、バットを構えても、それほど大きさは感じなかった。ところが、マウンドで振りかぶって足を上げ、テイクバックに入った瞬間、実物以上にとても大きく見えるのだ。

覚えていらっしゃる方も多いだろうが、当時の桑田さんは右足を深く折り曲げ、グラブをはめた左手を斜め上の方向に高く掲《かか》げ、やや上を見るような形でテイクバックをとっていた。その瞬間の姿に、威圧感というか、圧迫感を受けたことを思い出す。よく「いいピッチャーは大きく見える」と言うが、まさにそういう感じだった。

高校時代のシート打撃から、約3年。88年5月31日、東京ドーム、対巨人戦。私と桑田さんのプロ初対決が実現した。先発ローテーションの順番を見れば、どのピッチャーがいつ投げてくるかというのは事前にだいたいつかめるので、いよいよ桑田さんと対戦できるとわかったときはワクワクした。すでにプロで輝かしい実績を残していた桑田さん。高校時代と比べてどのように変わっているのだろうか、と。

待ちに待ったプロでの初対決。ヘルメットのつばを軽くさわり、会釈《えしゃく》をしながらバッターボックスに入ったことを覚えている。そして、改めてマウンドに視線を向けると、私はすぐさま桑田さんの変化に気づいた。体が3年前よりもひと回り大きくなっていたのだ。おそらくプロ1年目のシーズンオフにウェイトトレーニングを積み、それが15勝という好成績にもつながったのだろう。

初対決の結果は一塁ゴロだった。このとき、どんな球種を打ったのかはよく覚えていないが、ストレートのキレやコントロール、カーブの曲がり具合は変わることなく素晴らしく、さらに高校時代には投げなかったスライダーも持ち球に加わっていた。

以降、最後の対戦となった2005年9月10日まで偉大な先輩との勝負は続くことになるのだが、豊富な球種の中では、ある時期からレパートリーに加わったシュートが、私にとっては最もやっかいなボールだった。

そもそも左バッターにとって右ピッチャーが投げるシュートはさほど気にならないが、「いいシュート」というのはホームベースぎりぎりのところで変化するので、実に打ちづらい。桑田さんのシュートが、まさにそういうボールだった。しっかり右足を踏み込んでシュートを狙《ねら》いにいっても、自分の感覚よりもバッターに近いところで曲がるので、バットの先端に当たってしまう。ほかの多くのピッチャーのシュートはズルッと曲がるので対応しやすいのだが、桑田さんのシュートは気になった。

だからといってシュートばかりに気をとられていると、今度は同じような軌道からスライダーが体の内側に向かって曲がってくる。年月の経過とともにストレートの球速が少しずつ落ちてくると、桑田さんはそういう工夫も加えていた。ウェイトトレーニングにしてもそうだが、工夫の裏側には、「体の大きい人に負けてたまるか」という強い決意があったのではないか。このメンタルの強さこそが、桑田さんの最大の武器だったと思う。

桑田さん攻略のカギは「深く考えすぎないこと」

打率2割4分（204打数49安打）。これが対桑田さんの通算の成績だ。だいたい4打数に1本の割合でヒットが出ていた計算になるが、自分としては「あまり打っていない」という印象が強く残っている。もちろん、シーズンによっては3割以上の打率を桑田さんに対して記録したこともあった。例えば、94年などは18打数8安打で、打率4割4分4厘。一方、90年は21打数3安打、打率は1割4分3厘で、ほとんど完璧《かんぺき》に抑え込まれている。

いったい、桑田さんはどのように攻めてきたのか。配球の意図を私なりに分析すると「いかに引っかけさせてゴロを打たせるか」という感じになる。内角のヒザ元にスライダーを投げてファウルでカウントを稼ぎ、最後はシュート、さらにある時期からはフォークボールを決め球に使って、引っかけさせる。その中で、得意のカーブで巧みに緩急《かんきゅう》もつけてくる。そうかと思えば、初球から内角にストレートをズバッと投げてくることも。

このバッターをどう攻めて、どのように追い込み、どうやって打ち取るか。桑田さんはすべて頭の中で組み立てをして投げてくるピッチャーだった。

では、その桑田さんに対してどのように挑んでいったのか。

結論から言えば、「あまり深く考えすぎてもダメ」ということ。桑田さんはすべての球種をきっちり内角と外角、両サイドのコーナーに投げ分けてくる。そのとき、私があれこれ考えて、「次はシュートが来そうだから、レフト方向に流そう」とか、「いや、スライダーの可能性が高いから、思いきり引っ張っていこう」などと決めつけてしまうと、往々にして桑田さんの術中にハマってしまう。したがって、シンプルに考えるようにしていた。

桑田さんのように制球力の優れたピッチャーであっても、すべてのボールをピンポイントで投げられるわけではない。ときには、変化球が甘く入ってくることもある。そこで私としては、基本はストレートのタイミングで待ちながら、打てそうなゾーンにストレート、あるいは変化球が来たら、センター返しの意識でバットを振るようにしていた。

センター方向に打ち返せそうなボールだけを待つ。これによって自動的に、両サイドの難しいボールには手が出ないという現象が生まれる。手が出ないということは見送るということ。すなわちカウントは不利な状況になるが、少なくとも引っかけさせられる危険をこの時点では回避できる。実際、センター返しの意識でボールを待つことによって、桑田さんを打てる確率が上がったような印象が私にはある。もちろん、年間20打席も30打席も

桑田真澄投手のように制球力の高い投手に対しては、シンプルに考えることも必要だ。

対戦し、それが何シーズンも続くので、そこにはいろいろな駆け引きも生まれる。私も常に同じ待ち方をしていたわけではなく、ときには初球のカーブに狙いを定めて打ちにいったこともあった。桑田さんに限らず、いいピッチャーとの対戦では、カウントが追い込まれるまでに打ちたい。どんなにいいバッターでも、追い込まれたあとの打率は低くなる。

基本は、2ストライクまでに打てるボールを打つ。といっても、桑田さんはコントロールがいいので、手が出ないまま追い込まれてしまうことも多いのだが、そうなったら今度は、1つの球種だけを待つ。ほかのボールが来たら、心の中で「ごめんなさい」とつぶやいて見送る。塁上にランナーがなく、なおかつレギュラーとして試合に出ていたころは、2ストライクからそういう待ち方をしたときもあった。

つまり、いいピッチャーを攻略するには、ときには思いきった踏んぎりも必要ということ。

2ストライクを取られて追い込まれたあと、内角のストレートを狙ったとする。ここでフォークボールが来たら、ほぼ100パーセントの確率で空振りすることになるだろうが、もしストレートが来れば、かなりの確率でとらえることができるはずだ。ところが、フォークを意識しつつストレートにも対応しようと思ったら、いざストレートが来たところで、せいぜいファウルにしかできない。もちろん、塁上にランナーがいる場面では、あっさり「ごめんなさい」と引き下がるわけにはいかないので、ストレートとフォークを天びんにかけながら待つようにして、なんとか粘っていくべきだろう。実際、私もそうやって最後に甘く入ったボールをとらえたことが何度もあったが、いいピッチャーを打ち崩《くず》すには「ごめんなさい」の覚悟も求められるということを強調しておきたいと思う。

桑田さんから打った49本のヒットの中で、とくに印象深い一本を挙げるとすれば、94年9月28日、ナゴヤ球場。巨人と優勝争いをしている中で、1回裏にいきなり打った先制ホームランだ。球種は確かシュートだったと思うのだが、バットがポーンと出てうまく打つことができた。それは、桑田さんのシュートに関して初めてつかんだ手ごたえだった。

打球が飛び込んだのは、レフトのポール際。私はそんなに左方向へホームランを打てるバッターではなく、ましてやこの1点が決勝点となり、チームも勝てた。そういう意味でも、強く記憶に刻まれている。そうやって打てるときもあれば、打てないときもある。いずれにせよ、バッターボックスに立つことが楽しみ。それが桑田さんとの対戦だった。

プロの威圧感を感じた**大野豊**さん、**川口和久**さんら迫力ある投手たち

私がドラゴンズに入団したのが88年だが、この年に生まれた選手が18年にちょうど30歳を迎えることになる。世間では、夏の甲子園で優勝した早稲田実業学校の斎藤佑樹《ゆうき》投手（北

海道日本ハム）の活躍から「ハンカチ世代」とも呼ばれているようだ。ピッチャーで見ると、田中将大《まさひろ》投手（ニューヨーク・ヤンキース）、前田健太投手（ロサンジェルス・ドジャース）や大野雄大《ゆうだい》投手（中日）らがこの世代だ。そして、その1つ下の89年生まれで18年には29歳になる世代には、菅野智之投手、澤村拓一《ひろかず》投手（ともに、巨人）、野村祐輔《ゆうすけ》投手（広島）、由規《よしのり》投手（東京ヤクルト）らがいる。このくらいの年齢のピッチャーたちは、ベテランと呼ぶにはまだまだ若い世代と言えるだろう。

ところが、私がプロ入りした88年当時、30歳ちょい手前のピッチャーと言えば、ベテランの風格を大いに漂わせていた。チーム内では速球派として鳴らした小松辰雄《たつお》さんが私よりちょうど10歳上にあたり、88年のシーズン中に29歳の誕生日を迎えている。こう言っては小松さんに失礼だが、高校を卒業したばかりの私の目にはものすごく年の離れたおじさんに映ったものだ。

当時のベテランの方々のファッションと言えば、セカンドバッグと紫のスーツを真っ先に思い出す。最近ではなかなかお目にかかれない姿だが、そういう意味では古き良き時代のプロ野球の雰囲気を、私はギリギリで味わうことができたのかなと思う。

実戦においても、80年代のセ・リーグを代表する各チームのエースと対戦する機会に恵まれた。その中で私はプロのすごさを体感していく。例えば、横浜大洋ホエールズ（現横浜ＤｅＮＡ）の遠藤一彦さんが投げていたフォークボール。その落差たるや、すさまじく、初対決のときには「これは打てない」と心の中で白旗を揚げたものだ。また、広島の北別府学さんについては、ボール1個分の範囲で出し入れをする緻密《ちみつ》なコントロールに驚かされた。

もう1つ、「これがプロのボールだ」となったのが、巨人の水野雄仁《かつひと》さんのストレート。スピードガンの数字だけを見れば、水野さん以上の速球を投げるピッチャーは何人もいた。しかし、水野さんのストレートはホームベース際、つまりバッターの手元でピュッと伸びてくる。ひと言で言えば、キレがいいストレート。バッターにとってスピードガンの数字と、肌で感じるスピードはまったくの別物。いろいろな席で「最も速かったピッチャーは誰ですか？」という質問を受けるが、必ずしも日本最高記録を出したピッチャーの名前が挙がるわけではない。私がプロ入り当初に「速いなあ」と感じたのは、例えば、高野光さん（元ヤクルトなど）。長身から真っ向投げ下ろすストレートには角度があった。

また、広島の津田恒実《つねみ》（旧登録名：恒美《つねみ》）さんのストレートも「ズドーン！」と向かってくる感じで、強く印象に残っている。当時の広島は、先に紹介した北別府さんを中心に「投手王国」を形成していた。左では大野豊さんと川口和久さん（のちに巨人）が二枚看板の座に君臨していたが、私もプロ1年目は、この両サウスポーに対して手も足も出なかった。

対戦機会そのものも多くはなかったのだが、大野さんには5打数0安打。川口さんにも

4打数0安打だった。大野さんの特徴は、投球フォームにあった。変則という表現が適切かどうかはわからないが、テイクバックに入るときに軸足をグーッと曲げ、エネルギーをためるように体を沈み込ませる。実にタイミングがとりづらい投球フォームだった。加えて、ストレートのスピードも速く、キレもいい。さらに、制球力も抜群だった。一方、川口さんはダイナミックな投球フォームから、角度のあるストレートを投げ込んでくる。腕を思いきり振ってくるピッチングの前に、私のバットは沈黙を余儀なくされた。

大野さんと川口さんの共通点を挙げるとすれば、「新人なんかに打たれるものか」という威圧感だったと思う。そして、私は同様の空気というかオーラを、ルーキーイヤーの日本シリーズ、対西武戦でも感じることになる。

「内野ゴロにしかならへんぞ」と言われた東尾修さんの投球

88年のセ・リーグのペナントレースで、チームは6年ぶりに優勝を飾った。

私自身はシーズン開幕戦で、2番ショート。スタメンで起用されて以来、計110試合に出場。打率2割2分3厘ながら、新人王、そしてゴールデングラブ賞にも選出していただいた。

今、振り返ってみると、プロ1年目はとにかくがむしゃらにプレーしていた印象しかない。高校時代との決定的な違いは、試合数。夏の甲子園では4連戦も経験していたが、プロはその比ではない。1年間フルに戦える体力もなく、高校生の体のまま試合に出してもらったことで、夏場に入るとガクンとへばってしまい、打率も急降下。さらには、春季キャンプ中に痛めた右肩の状態を、夏の終わりに悪化させてしまった。

もっとトレーニングをして、もっと体を鍛えないと、この世界では長くやっていけない。それを痛感させられたプロ1年目だった。結局、右肩の痛みを抱えたまま2年目の89年シーズンはほとんど棒に振ってしまったのだが、いきなり故障をしたことで、トレーニングの重要性を早い時期に気づかせてもらった。思いきり野球をやれない悔しさ、つらさを噛《か》みしめることができた。このときの経験は、私に多くのことを教えてくれた。

さて、88年の西武との日本シリーズ。最高の舞台に立てることに喜びを感じる半面、右肩に痛み止めの注射を打ちながらの出場だったので、とにかく目の前のプレーに必死だった。各試合の詳細については、よく覚えていないというのが正直なところだ。

ただ、その中でも、西武の強さは脳裏に鮮明に焼きついている。プロ入り前、テレビでパ・リーグのゲームを見る機会は多くなかったが、80年代の西武は毎年のように日本シリーズに出ていたので、先発メンバーの名前はすでに頭に刷《す》り込まれている。石毛宏典《いしげひろみち》さん（元オリックス・ブルーウェーブ監督）、辻発彦《つじはつひこ》さん（現埼玉西武監督）、伊東勤《つとむ》さん（元千葉ロッテ監督)、秋山幸二さん(元福岡ソフトバンク監督)、田辺徳雄《のりお》さん(元埼玉西武監督)、そして、清原和博さん……。その人たちが強さの象徴でもあったブルーのユニフォームを着て、自分たちと戦っている。あの青色に、なんとも言えない威圧感を覚えたものだ。

試合の詳細については記憶が薄れていると書いたが、第1戦で清原さんが小野和幸《かずゆき》さんからナゴヤ球場の場外に打ったホームランは忘れることができない。そしてこの試合、8回裏からマウンドに立ったのが東尾修さん(元西武監督)だった。

東尾さんは、私が生まれた69年にプロデビューされた大ベテランのピッチャーだ。このシリーズではリリーフに回り、私とは2回、第1戦と第5戦で対戦があった。結果は、見逃し三振と二塁ゴロ。実はシーズン中、清原さんとお会いしたときに、「東尾さんはそんなに球が速いわけやないけど、絶対に、内野ゴロにしかならへんぞ」と言われていたのだが、その言葉を裏づけるコントロールの良さには目を見張った。

バッターが打ち気にはやれば、スッと抜いたボールを投げ、逆に打ち気なしと見るや、簡単にストライクを取ってくる。ならばとバッターが鼻息を荒くすれば、ボール球で誘いをかける。1球投げれば相手がなにを待っているか、即座に見抜いてみせる。たった2回の対戦で東尾さんのすべてを把握できるはずもないが、ベテランならではの卓越《たくえつ》した投球術には、大野さんや川口さんとはまた違った形で、プロのすごみを感じた。

オーソドックスなフォームの**工藤公康《きみやす》**さんからは、よく打てた

送りバントの空振り。

そんな生まれて初めての屈辱《くつじょく》を、私は西武との日本シリーズ第3戦で味わうことになった。相手ピッチャーは、左腕のしなりを十分に利かせた投球フォームから、リリースの瞬間には「パチッ」とボールを切るようにしてストレートを投げ込んできた。手元で「ピッ」と伸びてくる速球の前に、犠打を狙った私のバットは空を切ってしまった。

これが一流の人が投げるストレートなんだ、と痛感させられた相手ピッチャー。それが工藤公康《きみやす》さん（現福岡ソフトバンク監督）だった。

結局、このシリーズでは、工藤さんに対して4打数0安打。いいところなく終わってしまった。それから11年後の99年。再び日本シリーズの舞台で、今度は福岡ダイエー所属となった工藤さんと対戦することになった。

結果は、3打数2安打。さらに翌00年からは工藤さんが巨人のユニフォームを着たことで、シーズン中もひんぱんに対戦するようになったのだが、不思議とよく打つことができた。ちなみに、00年以降の通算打率は2割9分1厘だ。

どうして、工藤さんに対して3割近い打率を残せたのか?

理由は投球フォームにあった。サウスポーの工藤さんの場合、ゆったりと右足を上げ、ガーッとこちらに向かってきて、シュッと投げてくる。擬音《ぎおん》ばかりの表現でイメージしづらいかもしれないが、ひと言で言えば、実にオーソドックスできれいな投球フォームなのだ。右と左の違いはあるが、私のかつてのチームメイトである川上憲伸《けんしん》投手(元中日、アトランタ・ブレーブス)も同様にオーソドックスな投球フォームと言える。表現を変えれば、技術書にお手本として載っているようなフォームと言っていいだろう。こういうタイプのピッチャーには、うまくタイミングをとることができた。

工藤さんも様々な球種を操《あやつ》る。代名詞とも言えるタテに割れるカーブをはじめ、スライダーにカットボール。多彩かつハイレベルな変化球で攻めてきたが、私は基本的にストレートを狙っていた。これは、第2章で書いた「好投手ほどストレートを狙う」という考え方に基づいている。

とくに工藤さんのように息の長いピッチャーは、ストレートにこだわってきたからこそキャリアを重ねられた、という側面があるはず。たとえ前の打席でストレートをヒットにしていたとしても、また次の打席以降どこかのタイミングで、必ずストレートが来る。そういう意識でバットを構えていた。

巨人三本柱との対決! 左肩に刻まれた「10・8決戦」の記憶

80年代後半から90年代後半にかけて、桑田さんとともに巨人投手陣の三本柱として活躍されたのが、斎藤雅樹さん(現巨人投手総合コーチ)と槙原寛己《まきはらひろみ》さんだった。

斎藤さんは最多勝のタイトルを5度獲得するなど、90年代のプロ野球界を代表するピッチャーだが、私自身は通算対戦成績(169打数52安打、打率3割8厘)が示すとおり、極めて相性のいいピッチャーだった。斎藤さんの代名詞とも言える曲がりの大きなスライダーをはじめ、どんな球種で攻められても、なぜかタイミングが合った。当時、巨人の正捕手だった村田真一さん(現巨人ヘッド兼バッテリーコーチ)から、こう言われたのを覚えている。

「斎藤がお前の顔、見るのもいややって言うとるぞ」

91年が16打数8安打、92年が14打数7安打、さらに93年は対戦機会こそ少なかったものの6打数3安打と、3年続けて対戦打率が5割だったこともある。斎藤さんが私をいやがるのも無理はないかもしれない。村田さんの言葉は、私にとって最大級の賛辞だった。

印象深いバッティングを挙げるとすれば、95年6月11日、ナゴヤ球場のバックスクリーン右に放り込んだサヨナラ本塁打だ。斎藤さんが投じたストレートに対して、バットがタイミング良く上から入り、低いライナーが中堅手のシェーン・マック選手の頭上を越えていった。あの日から長い歳月が流れたが、インパクトの感触や打球の軌道は今でも鮮明に思い出すことができる。まさに、自画自賛したくなるほどの完璧な当たりだった。

一方、槙原さんと言えば、94年の広島戦で完全試合を達成したことでも知られているが、私がプロ入りした当時は、ストレートでグイグイ押してくるタイプのピッチャーだった。しかし、年々、器用なタイプへと変貌《へんぼう》をとげていった印象がある。切れ味鋭いスライダーをまじえつつ、追い込んだら決め球に落差十分のフォークボールを投げてくる。通算打率は2割8分2厘（142打数40安打）と、まずまずの数字を残すことができたが、なんとかして追い込まれるまでに打ちたいと思わせるピッチャーだった。

さて、巨人の三本柱との対戦で語り草になっているのが、94年10月8日のナゴヤ球場。ともに69勝60敗で並んだ中日と巨人が、リーグ優勝をかけて激突したシーズン最終戦だ。

当時の巨人戦と言えば、ほぼ例外なくテレビの全国中継があったので、相手チームにしてみればそれだけで、ほかのカード以上に燃えるものがあった。ここで活躍すれば、注目が集まる。私自身、若いころは全国各地に知り合いがいたわけではないが、やはり「みんなが見てくれている」という思いを強くいだいたものだ。

その点、例えば、当時の広島戦などは、実にのどかな雰囲気の中でプレーボールの声がかかる。「えっ、いつ試合が始まったの？」。わかりやすく言うと、こんな感じで幕をあけたこともあった。現在の広島戦は、本拠地のマツダスタジアム（Ｍａｚｄａ Ｚｏｏｍ－Ｚｏｏｍスタジアム広島）が連日満員に膨《ふく》れ上がり、「カープ女子」という言葉も広く知れ渡るようになった。こんなことを言うと、熱狂的なカープファンに怒られそうだが、若いころの広島戦を思い出すと、信じられない思いが湧《わ》いてくる。

逆に考えると、巨人の選手は常に大観衆のもと注目を集めていたので、プロとして張り合いを感じる半面、私たちにはわからない大変さがあったはず。ミスをすれば、メディアを通じていろんなことを言われ、相手チームはどんどん「巨人キラー」と称されるピッチャーをぶつけてくるのだから。

話を10・8決戦に戻そう。巨人の先発は槙原さん、中日の先発は巨人キラーの今中慎二投手。私は3番ショートでスタメンに名をつらね、午後6時、プレーボールのときを迎えた。先ほど広島戦の話をしたが、試合をやっていて緊迫感が生まれたり、盛り上がったりするというのは、まさにこのプレーボールの瞬間の空気によって決まる。早々とスタンドが立錐《りっすい》の余地なく埋め尽くされ、そのスタンドから大歓声が発せられることで、試合は一気に熱いエネルギーを帯びていく。その意味で、この巨人戦は空前絶後の試合だった。

どこから湧き出てきたのかと思えるほどの報道陣の数の多さ。プロ野球中継史上最高となる48・8パーセントを記録したテレビ視聴率。巨人・長嶋茂雄監督いわく「国民的行事」は、結局、3対6。巨人の勝利で、幕を閉じた。中日は槙原さん、斎藤さん、桑田さんとつないだ巨人三本柱による継投の前に、涙を飲んだ。

私自身は、4打席で3打数1安打（1死球）。8回裏の打席で三塁ゴロを放った際、一塁ベースにヘッドスライディングを敢行。その結果、左肩脱臼《だっきゅう》に見舞われたことをご記憶の方も多いのではないだろうか。以来、左肩の痛みには、多かれ少なかれ、引退時まで悩まされた。

このヘッドスライディングと、2打席目の一塁ゴロの際に守っていた落合博満さん（元ロッテ・中日・巨人など、元中日監督）が足を負傷したことは覚えているが、実は10・8決戦に関して、それ以外の詳細な記憶がない。それだけ精神が高揚《こうよう》し、目の前のプレーに集中していたのだと思う。あれから、20年以上。優勝をのがした悔しさと、今なお残る左肩の痛みだけが、私の体に染《し》みついている。

野村弘樹と橋本清…同級生との真剣勝負

私が野球を始めたのは小学4年のとき。ボーイズリーグに加盟していた地元の野球チーム、茨木《いばらき》ナニワボーイズに加入した。

当初はピッチャーとしてマウンドに立っていたのだが、体が細かった私にとって硬式球は大きな負担となり、まもなく右ヒジを痛めてしまった。これが転機となってショートを守るようになったので、運命とは不思議なものだと思う。

また、チームメイトの中に「ピッチャーとしては、こいつには勝てないなあ」と思わせる投手がいたことも、ショートに専念できたという点で、私にとっては幸運だった。当時から180センチ近い身長を誇っていた同い年の右腕投手、それが橋本清（元巨人、福岡ダイエー）だった（正真正銘《しょうしんしょうめい》の「同級生」でもあり、ここでは敬称を略させていただく）。

幼稚園からの幼なじみでもある橋本とは、中学時代もそのままナニワボーイズで一緒にプレー。高校も揃《そろ》ってPL学園高校に進んだ。

やがて、橋本は同期のサウスポーとエースの座をかけてしのぎを削ることになる。そのピッチャーこそ、野村弘樹（旧登録名：弘《ひろし》／元横浜大洋・横浜ベイスターズ）だ。野村は球持ちの良さに特長があり、ストレートのコントロールとキレの良さは抜群だった。スピードについては2人とも甲乙つけがたく、また安定感もあり、「これは、よその学校のバッターは打てないだろうな」と思ったものだ。

そして、私たちは3年の春と夏、甲子園大会で連続優勝を飾り、秋には3人ともドラフト会議でプロから指名を受けた。私が中日、橋本が巨人、野村が横浜大洋。このときの優勝メンバーの中には、ほかにも同学年の片岡篤史《あつし》（元日本ハム・阪神タイガース、現阪神ヘッド兼打撃コーチ）、そして夏のチームには1学年下の宮本慎也（元東京ヤクルト、現東京ヤクルトヘッドコーチ）といった、のちのプロ野球選手がいたわけで、客観的に見てもすごいチームだったと思う。

野村とは、プロ1年目から一軍での対戦機会があった。彼はそれほど器用ではなく、当初は球種もストレートとカーブの2つしかなかったのだが、新たにチェンジアップを習得したことで投球の幅が広がり、93年には17勝をマーク。最多勝のタイトルを獲得している。ただ、私にとって野村は、打ちやすいタイプのピッチャーだった。なぜなら、コントロールが良かったため、怖《こわ》さを感じることがなかったからだ。ちなみに、通算での対戦成績は、109打数35安打、打率3割2分1厘である。

内角高めにボールが抜けてくることは、まずないだろう。いつもそういう安心感があった。バッティングの状態が悪いときに野村が先発登板してくると、「また、これで当たりが戻るなあ」と勝手に思い込んでいたほどだった。

対野村で最も印象深いバッティングを挙げるとすれば、94年5月28日、ナゴヤ球場で打ったプロ初の満塁本塁打だ。得意のチェンジアップを狙いすまし、ライトスタンド上段に放り込んだ、まさに会心の一撃だった。マウンドでガクッとうなだれていた野村から後日、

「ホームランはないやろ」とボヤキの電話がかかってきたことを思い出す。

一方、橋本はプロでは遅咲きだったため、初対決は93年までお預けになった。また、巨人ではいわゆる「勝利の方程式」の一角として主にセットアッパーを務めたこともあって、対戦機会はそれほど多くない。通算成績は13打数2安打（打率1割5分4厘）。ただ、その2本のヒットがいずれも大事な場面でのホームランだったため、数字ほど抑えられたという印象はない。中でも94年5月31日、東京ドームで打った一発は忘れられない。

2対3と1点を追う9回表、二死ランナーなしという追い詰められた場面で、ワンバウンド寸前のフォークボールをライトスタンドに運んだ本塁打。フォークボールを狙っていたわけではない。ストレートとフォークを五分五分ぐらいの意識で待っていたところ、スッと抜かれたにもかかわらず、うまく拾うことができた。10年に1回あるかどうか、それほど難しいボールを打ち返せたホームランだった。

試合は10回裏に2点を奪った巨人のサヨナラ勝ちで幕を閉じたが、橋本はロッカールームで悔し涙を流したそうだ。8回表から登板したもののタイムリーを浴びて1点差に迫られ、長嶋監督に「もう1イニング、行かせてください」と直訴した末の続投だったため、私に許した同点本塁打はまさに痛恨の一発だったのだ。

「次は頑張れよ」。橋本はチームメイトから励《はげ》ましの言葉をかけられたと聞く。ところが、桑田さんだけは違った。橋本の肩をポンポンと叩《たた》き、「ハシ、泣く前にやることがあるだろう」と言ったそうだ。悔しかったらもっと練習しろ、一軍でちょっと活躍しているからといって浮かれている場合じゃないぞ、と。

今となっては、橋本にとっても良き思い出になっているのではないだろうか。なにはともあれ、橋本と野村、2人の球友とプロの舞台において真剣勝負を繰り広げることができた。月並みな感想だが、本当に良かったと思う。

後ろは小さく、前で放せる上原浩治《こうじ》

踏み出した足がなかなか地面に着かないピッチャーは、タイミングが取りづらい。第1章のラストではこのように書いたが、もう1つ私がいやだなあと感じていた投球フォームがあった。ポイントは、ボールを握っている腕の動きだ。

「後ろは小さく、前で放せるピッチャー」

野球用語的に書くと、こうなる。もう少しかみ砕《くだ》いて説明しよう。ボールを握っている腕の動きを、「トップの位置に入るまで」と「トップの位置に入ったあと」の2つに分ける。まずトップの位置に入るまでは、できるだけ小さな半円を描くように腕を動かす。そして、トップの位置に入ってからは大きな弧を描くように腕を動かし、できるだけ前方、すなわちバッターに近い位置でボールをリリースする、となる。こういうフォームで投げられると、どうしても差し込まれる。極めてタイミングがとりづらいのだ。99年に巨人でプロデビューを飾った上原浩治《こうじ》投手は、「後ろは小さく、前で放せるピッチャー」の代表例だ。

上原投手との初対戦は、シーズン後半の99年8月17日、ナゴヤドームだった。ローテーションの関係でなかなか当たらなかったのだが、この時点ですでに彼は、14勝3敗。素晴らしい成績を残していた。

そして、勝ち星を稼いでいる理由は、1打席目で、すぐわかった。とにかくストレートが速い。ビックリした。ただ速いだけではなく、キレもある。コントロールもいい。高い位置から投げ込んでくるので、角度もある。フォークボールもいい。投球テンポもいい。後ろが小さいので、タイミングがとりづらい。なにからなにまで完成されたピッチャーだった。

例えば、上原投手と対戦していてカウントがバッターにとって有利な2−0や3−1になったとする。私としては、次のボールを打ちたい。追い込まれたらフォークボールがあるので、絶対に次のボールを仕留めたいと考える。ところが、こういう状況で彼は、いとも簡単に外角ギリギリのコースに投げてくるのだ。すると、そういうボールをとらえたとしても、野手の正面に飛ぶことが多い。ピッチャーにとって不利なカウントでの勝負強さ、絶対的なコントロールは、群を抜いていた。フォークボールもストライクを取りにくるものと、空振りを取りにくるものの2種類を投げ分けていた。ストライクを取りにくるタイプのフォークは、球速をやや落とすことによってチェンジアップ気味に向かってくるので、そのタイミングで狙っていかないことには打ちづらい。これもまたやっかいだった。

04年シーズンなどは16打数0安打と完璧に抑えられたが、一方で記憶に残るホームランを打ったこともある。それが06年4月7日、ナゴヤドームで放ったサヨナラ満塁本塁打だ。

読み勝ちで、上原から放ったサヨナラ満塁本塁打

06年シーズンはキャンプから三塁の定位置争いが続き、なんとか開幕戦では7番サードでスタメン出場を果たしたものの、私のバッティングの状態はなかなか上がっていかなかった。5試合終了時点で18打数4安打。振り返ってみると、新しいボールの影響もあったように思う。2000年代の前半はボールが飛びすぎることが問題視されていて、この06年からは反発を抑えた「飛ばないボール」(11年から導入された低反発の統一球とは別のもの)が採用されていた。それもあり、凡打をすると、今までにない重さも感じたことがあった。

迎えた開幕6試合目、4月7日の巨人戦。1対1の9回裏、一死満塁という一打サヨナ

ラの場面で、私に打席が回ってきた。この日も、ここまで3打数0安打。私のバットは、相変わらず目覚める気配がない。

1球目。ストレートかフォークボールか、二者択一の末、私はフォークに狙いを定めた。仮にストレート狙いで打ちにいった場合、ピタッとハマれば外野に犠牲フライを飛ばせる確率はかなり高かったはずだが、万が一フォークが来て、へたにバットに当たってしまうとボテボテのゴロになりかねない。ここでは、絶対にホームゲッツーだけは避けなくてはならない。

逆に言えば、マスクをかぶっていた阿部慎之助捕手にしてみれば、ホームゲッツーこそ最善の結果であり、だからこそフォークを要求してくるのではないかと私は考えたのだ。

ところが、上原投手が投げてきたのは内角低めのストレート。阿部捕手は「万が一フォークが高めに抜けると、簡単に外野に運ばれてしまう」と考え、速球を選択したのだと思う。それほど難しいボールではなかったのだが、フォークのタイミングで待っていたので、もちろん見送り、1ストライクを取られた。そして2球目。私は、次のように考えた。

「ここは外野フライでいいケース。強くは引っ張りにいきたくない。フォークだと空振りもあるし、引っかける危険性も高い。打ち損じたときに外野フライにならない可能性が高いので、2球目は多少ミスをしても外野フライになる確率が高いストレート、それも内角を狙おう」

阿部捕手の思考回路に、初球のフォーク狙いは必ずインプットされたはず、という確信

2018年に巨人に復帰した上原浩治投手。投球術の優れた相手とは、読み合いになる。

もあった。加えてこのころの阿部捕手は「ファーストストライクを取ったボールと同じボールで、次も攻めてくる」ことが多く、これも内角ストレート待ちの根拠となった。

狙いは的中した。内角のやや甘いコースに入ってきたストレートを弾《はじ》き返すと、打球はライトスタンドへ飛び込み、私にとっては4年ぶり通算2本目のサヨナラ満塁本塁打となった。ホームランになったのはうれしい誤算だったが、完全に読み勝ちの一発だった。

日本で何度も対戦した上原投手は、メジャーリーグで9年間（09〜17年）プレー。ボストン・レッドソックスなどで活躍し、通算95セーブを挙げた。そして、18年から、古巣・巨人に復帰して、リリーフ陣の一角を担《にな》っている。全盛期と比べると、ストレートのキレ、スピードはさすがに落ちたが、フォークボールの出し入れは健在だ。バッターのタイミングを外す「投球術」で、打たせて取るピッチングにモデルチェンジしている。

外国人投手に対しては「好球必打」の気持ちで

ビル・ガリクソンという名前をご記憶の方も多いことと思う。私がプロ1年目の88年に対戦した、元巨人の外国人ピッチャーだ。

ガリクソン投手は、メジャーで6年連続2ケタ勝利を記録した直後に来日。2シーズンにわたって日本でプレーしたあとメジャーに復帰すると、91年にはデトロイト・タイガースで20勝。最多勝（アメリカン・リーグ）のタイトルを獲得した。つまり、「バリバリのメジャーリーガー」として日本にやってきたわけだ。ちなみに、88年シーズン、私との対戦成績は18打数4安打。バリバリのメジャーリーガーが高卒1年目の男に4本もヒットを打たれちゃいけない、というのは冗談だが、曲がりの大きなカーブは強く印象に残っている。

ただ、ガリクソン投手のような輝かしい実績の持ち主は、ごくごく少数。来日する外国人投手の大半は、ストレートは速いけどコントロールが悪かったり、逆にコントロールはいいけどストレートの速さはそれほどでもなかったり、どこかに短所を抱えているため、メジャーでは頭打ち。だから海を渡ってきたというのが実情だ。

そう思ってしまえば、たとえどんなにゴッツイ体であっても、たいしたことはない。また、外国人投手はフォアボールをいやがる傾向が強いため、どんどんストライクを先行させる。ピッチャーにとって不利なカウントになれば、なんらかの球種でストライクを取りにくる。したがって、私はあまり考えすぎず、好球必打の気持ちで積極的に打つようにしていた。

シーズン終了後に開催された日米野球にも何度か出場し、それこそバリバリのメジャーリーガーとも対戦したが、手も足も出ないというピッチャーはいなかったように記憶している。もちろんストレートが強烈に速いピッチャーはいたが、それよりもやっかいだったのは、やはりバッターの手元で動く変化球だった。

03年から7年間、阪神でプレーしたサウスポーのジェフ・ウィリアムス投手。彼が投げるスライダーも、好調時は曲がるタイミングが遅く、大いに手こずった。みなさんはピンポン玉でカーブやシュートを投げてみたことはないだろうか。一度でも遊んだことがあれば、シュ〜ッと浮き上がって曲がる軌道はイメージできると思うが、ウイリアムス投手のスライダーはまさにそういう感じだった。左バッターにとっては自分の背中からボールが入ってくる感じもあり、バッターボックス内で集中していないとかなり怖かったことを思い出す。ただ、年月の経過とともにスライダーの曲がりが早くなると、徐々に怖さも薄れていった。

08年から2年間、広島でプレーしたコルビー・ルイス投手の高速スライダーも左バッターの体に向かって鋭く食い込んでくるので、とにかくいやだった。球そのものにも力があり、「どうして、こいつはメジャーでやらないのか」と感じたものだ。

案《あん》の定《じょう》、広島を退団してメジャーに復帰すると、その10年シーズンはテキサス・レンジャーズで12勝をマーク。その後も活躍し、「やっぱりな」というのが、率直な感想だ。

そして、もう1人、強烈な苦手意識を植えつけられたピッチャーがいる。99年から2年間、ヤクルトでプレーしたサウスポーのジェイソン・ハッカミー投手だ。日本で通算20勝をマークした彼の武器は、左バッターの内角に曲がってくるシュートだった。これが実に打ちづらい。対策として、基本的にシュートは捨てていた。「全球シュートが来るわけではない。1球はストレートが来る」と割りきった待ち方をしていた。

ところが、ボールが先行してカウントが2―0になったりすると、「次はシュートが来るんじゃないか」とよけいなことを考え、打ちづらいシュートに手を出してしまうこともあった。2年間での対戦成績は、29打数4安打、打率1割3分8厘。数字がすべてを物語っている。

ただ一方で、90年代後半に巨人で活躍した趙成珉《チョ・ソンミン》投手などは、通算での対戦成績が17打数0安打であるにもかかわらず、いやだった記憶はそれほどない。確かに彼は194センチと背が高く、角度のあるボールを投げていたが……。おそらく手元で動くボールの有無が、ピッチャーに対する印象を決定づけているのだと思う。

私が引退後、解説者として見てきた多くの外国人ピッチャーの中で、最近では、阪神のランディ・メッセンジャー投手の安定感がずば抜けている。10年から17年までの8年間で、通算84勝。2ケタ勝利6度というのは見事な実績だ。武器は、198センチの長身から投げ下ろす角度と精密機械のようなコントロール。さらに球種が多彩で、いずれもカウント球にもウイニングショットにもなりうる。先発のお手本のようなタイプで、超優良助っ人だ。

このメッセンジャー投手のような長身投手を攻略するには、アゴを上げずに、いつもどおりのスイングを心がけることだろう。長身投手のときほど、目線に気をつけておきたい。

苦しめられた佐々木主浩《かづひろ》さんの高めのフォーク

野球好きの子どもであれば、必ず一度や二度は野球盤ゲームで遊んだ経験があると思う。野球盤には「消える魔球」がつきもの。真《ま》っ直《す》ぐ進んできて、いきなりストンと落ちる「消える魔球」。90年代のセ・リーグには、まさに消える魔球のようなフォークボールを投げるピッチャーが存在した。横浜のストッパーとして活躍された「大魔神」こと佐々木主浩《かづひろ》さんがその人だ。佐々木さんは00年から4シーズン、シアトル・マリナーズでプレーされたあと、再び横浜のユニフォームに袖《そで》を通されたが、メジャー移籍前の90年代はとくにストレートも速く、攻略は困難を極めた。それこそ、佐々木さんの登板イコール事実上のゲームセット、という時期もあったほどだ。

しかし、あっさり白旗を揚げるわけにはいかない。簡単には打ち崩せないピッチャーと対戦する喜び。相手がすごければすごいほど、燃えてくる感覚。これも佐々木さんとの対戦ならではのものだった。

攻略法としては、ストレートかフォークか2つに1つ、どちらかに的を絞《しぼ》る。ところが、迷い始めると、その2つに1つが当たらない。

バッターとしてみれば、「追い込まれたらフォーク」という頭があるので、なるべく早いカウントから仕掛けたい。そこでストレートを「イチ、ニのサン」のタイミングで打ちにいくと、初球からフォークがストン。もちろん、逆のパターンもあった。そうやってストライクを先行されたら、いよいよ腹をくくるしかない。対佐々木さんの場合、追い込まれたらフォークに狙いを定め、ストレートが来たらごめんなさい。こういう形で待つことが多かった。

フォークの意識で待っていれば、低めのボールゾーンに変化していくフォークは見極めることができた。例えば92年4月5日、ナゴヤ球場でのゲーム。ストレートが来たらなんとかカットするぐらいの感じでフォークを待っていた結果、粘った末にサヨナラの押し出し四球をもぎ取ったこともあった。

ただ、佐々木さんは、高く抜けたような軌道からストライクゾーンに落ちてくるフォークも投げていた。私はこのボールに苦しめられた。

落合博満さんは、現役時代、佐々木さんをよく打っていた。それは高めのゾーンしか狙っていなかったからだ。低めにストレートが来たら、ごめんなさい。しかし、高めにフォークが落ちてきたら、絶対にのがさない。だが、私はそういう待ち方ができなかった。低めのストライクゾーンを消すという感覚が、私のバッティングにはフィットしなかったのだ。

佐々木さんとの通算対戦成績は、38打数7安打（打率1割8分4厘）。90年代に限ると、打率は1割7分1厘と、さらに下降する。数少ない攻略の記憶として、今なお鮮明なのは、97年8月14日、静岡・草薙《くさなぎ》球場で放ったホームランだ。

このときは、なかば「ダメでもともと」の気持ちで、ストレートを「イチ、ニのサン」のタイミングで振りにいったところ、ドンピシャのタイミングでとらえることができ、強烈な追い風と当時の球場の狭さにも助けられ、打球がバックスクリーン付近に消えていった。

この試合は残念ながら、あと1点及ばず、勝利をおさめることはできなかったのだが、ダイヤモンドを1周しながら噛《か》みしめたうれしさは、永遠に色あせることがないだろう。

打ち損じさせる藤川球児《きゅうじ》ら一流投手のテクニック

藤川球児《きゅうじ》投手は阪神で絶対的な守護神として活躍したのち、メジャーリーグで3年間プレーし、16年に古巣へと戻った。藤川投手も、佐々木さんと同じように速いストレートとフォークボールを武器とするストッパーだ。ただ、同じフォークボールでもその軌道は異なる。佐々木さんのフォークはすでに書いたとおり、「消える魔球」のように一気にストンと落ちるのだが、藤川投手のフォークはブレーキがかかりながら落ちてくる。擬音で表現すれば、佐々木さんのフォークは、「キュキュキュッ」と落ちる。藤川投手のフォークは、

「ズズズズッ」と落ちる。そんな感じだろうか。ただ、ストライクを先行されたら攻略が極めて難しくなるのは、藤川投手も同じ。なんとかして、追い込まれるまでに打ち返したい。ところが、特徴のあるストレートがこちらの思惑を邪魔してくる。

例えば、初球はストレートをじっくり見たとする。実は藤川投手のストレートは、それほど速く感じない。ならばと、2球目のストレートを打ちにいくと、速く感じる。とらえたと思っても、ファウルになる。だいたいこんなタイミングかと思って振りにいったら、遅れてしまい、やたらと打ち損じが多くなる。藤川投手はなんとも不思議なピッチャーだった。タイミングを狂わせる秘密は、グーッと力をためてから、キュッと腕を振ってくる、その投球フォームにあると思う。

好調時の藤川投手のストレート、中でも高めの速球は、とにかく前に飛ばない。打てるとすれば、若いカウントでの低めのストレート。そのゾーンに初球からストレートが来たら、ラッキー。それぐらいの気持ちでバットを構えていた。

佐々木さんも藤川投手も、打てるゾーンに打てるボールが来なければ打てない。そういうピッチャーだった。最近では千賀滉大《せんがこうだい》投手（福岡ソフトバンク）の急角度に落ちるフォークが、多くの打者を苦しめている。

もう1人、90年代以降のセ・リーグを代表するストッパーと言えば、東京ヤクルトなどでプレーした高津臣吾《しんご》さん（現東京ヤクルト二軍監督）がいる。高津さんの代名詞と言えば、サイドハンドからのシンカー。これが、普通のシンカーとはひと味違う。狙い定めて打ちにいっても、そこからもう1つ抜けてくる。ワンテンポ待ったあと、もうワンテンポ待たないと、打てない。そういうボールだった。

テレビで私と高津さんの対戦シーンを見ていて、「どうしてあんなにゆるいボールが打てないんだよ」と思われたことがあるかもしれないが、しっかり腕を振ったうえでゆるいボールを投げられるピッチャーは強い。これだけは間違いない。

いかにして、変化球をストレートと同じ腕の振りで投げるか。これが、簡単なようで難しい。一流投手とそうでない投手の分岐点とも言えるだろう。

阪急、及びオリックスなどで活躍されたサウスポーの星野伸之さんも、すべての球種を同じ腕の振りで投げてくるピッチャーだった。ストレートのスピードはほとんど130キロ以下で、最初は「どうしてみんな、打てないんだろう」と思っていたが、00年から3シーズン、阪神のユニフォームを着た星野さんと対戦してみて、「これは簡単には打てないな」と感じた。ストレートと同じ腕の振りでチェンジアップ、曲がりの大きいカーブ、さらにはフォークボールを投げてくる。それによって、130キロに届かないストレートも速く見える。まさに、一流のテクニックだった。

全盛期とはまた違う「味」を見せ始めた松坂大輔

巨人の上原投手がプロ1年目にしていきなり20勝をマークした99年、16勝5敗の成績でパ・リーグの新人王に輝いたのが西武の松坂大輔投手（現中日）だった。

彼は、プロデビュー戦で155キロのストレートを披露。大きな話題となったが、そのとき豪快な空振りをした相手バッターが私の同級生の片岡篤史（当時、日本ハム）だったこともあり、どれぐらい速いのだろうと気になったものだ。

当時はまだ交流戦がなく、パ・リーグのピッチャーと顔を合わせる機会は限られていたが、翌00年のオールスターゲーム第2戦で松坂投手とぶつかることになった。2打席対戦して、結果はフォアボールとショートライナー。正直、ストレートに関しては、それほど速さを感じなかった。もちろん速いことは速いが、どちらかと言えば「ズドン」と来る球質のため、あまり速さを感じない。むしろ、キレという部分ではスライダーに素晴らしさを感じた。

第2章で触れたカットボールと同様に、左バッターにとって、自分のヒザ元へ食い込むように曲がってくる右ピッチャーのスライダーは打ちづらい球種だ。曲がるタイミングが早ければ見極められるが、体に近いところで曲がると、ヒザ元で消えたかのように錯覚することさえあった。そういうスライダーの使い手としては若いころの元広島・佐々岡真司さんや、元ヤクルト・伊藤智仁《ともひと》投手の姿が思い浮かぶ。軌道そのものは微妙に異なったが、曲がり幅の大きさと曲がるタイミングの遅さは、2人のスライダーに共通する特徴だった。

ちなみに、ヒザ元に鋭く曲がってくる右ピッチャーのスライダーを、あえて狙うことはなかった。ストレートとの球速差はそれほどないので、ストレートを待つ中で対応するようにしていた。このとき大事なのが、センター返しの意識。引っ張りの意識でストレートを待っていると、簡単に空振りしてしまう。センター返しの意識があれば、打ちづらいヒザ元へのスライダーにもバットが止まる。なお、曲がり幅が小さくストレートとの球速差が小さいカットボールについては、引っ張りの意識で狙っていかないことにはなかなか打てない。第2章で触れたように、カットボールを狙うことで体が開く危険性はあるが、逆方向へおっつけようとするとまんまとえじきになるというのが、私の体験に基づく実感だ。

話がややそれたが、松坂投手のスライダーの軌道は、佐々岡さんや伊藤投手のスライダーの軌道とはひと味違う。ただ、キレそのものは、間違いなく一級品だった。

松坂投手とは04年の日本シリーズでも対戦した。第2戦で私が打った同点3ランをご記憶の方も多いかと思う。ボールが2つ先行したあと、149キロのストレートをナゴヤドームのライトスタンドに運んだのだが、「甘いコースにストレートが来たら、狙っていこう」

と思っていたところ、おあつらえ向きのストレートが来てドンピシャのタイミングで打てた。そういうホームランだった。

その後の松坂投手は、ボストン・レッドックスなどメジャーリーグで8年間(07〜14年)プレーして、通算56勝。メジャー1年目は15勝12敗、2年目には18勝3敗と素晴らしい成績をおさめたが、以降はマウンドの固さやケガに苦しみ、思ったような結果を残すことができなかった。15年から福岡ソフトバンク、18年からは中日でプレーしている。「もう、松坂は終わった」という声が多数を占める中、中日では先発ローテーションとしてチームを支え、復活に向けた確かな一歩を踏み出した。オールスターファン投票では、セ・リーグの先発部門でファン投票1位に選ばれ、その人気は相変わらず高い。

ピッチングはというと、若いころの松坂投手とはまったく違うタイプになった。ボールを動かして、バットの芯《しん》を外すスタイルに変更。メジャーの固いマウンドや、自分の体の状態を考えて、試行錯誤しながら辿《たど》り着いたスタイルだろう。解説席から見ての印象ではあるが、カットボール、チェンジアップを中心とする変化球のキレがいい。そして、勝負どころでのストレートに、投げミスが少ない。勢いで投げていた若いころと比べると、ピッチングに丁寧《ていねい》さや老獪《ろうかい》さが加わったように感じる。

第2章の冒頭で、新しい変化球を習得したことでストレートのスピードが落ちたピッチ

中日移籍後、先発として勝利も挙げた松坂大輔投手。打者を翻弄《ほんろう》する技術はさすがだ。

ャーを何人も見てきたとお話ししたが、同じように「もう1個、ボールを覚えれば、ピッチングがラクになる」と新たな変化球をマスターした結果、決め球として使っていたスライダーの曲がりが悪くなるというピッチャーも数多く見てきた。同様に、若かりしころの松坂投手に対しても、「変化球を覚えすぎなのでは?」という懸念《けねん》をいだいていたのが正直なところ。しかし、今の彼を見ていると、当時からいろいろと探究し、経験値を高めてきたことが、ピッチングの「味」となっているようにも感じられる。

仮に、今の松坂投手と対戦するとしたら、ストレート狙いの中でスライダー系の球種にも対応できるように準備をする。球速差がさほどないため、ストレートのタイミングでスライダーをとらえることもできるのではないか。また、外に逃げていくチェンジアップを追いかけないこと。チェンジアップに手を出すと、松坂投手の術中にハマってしまう。

どこにでもいるサウスポーと杉内俊哉《としや》の相違点

かつて、異なるリーグの一軍ピッチャーと対戦する機会と言えば、公式戦ではない春のオープン戦とオールスターゲーム、そしてリーグ優勝を条件に日本シリーズ、以上3つに限られていたわけだが、05年に交流戦が始まったことで、一気に垣根《かきね》が低くなった。

「なんじゃ、これ!?」

そう思わされたのは、千葉ロッテのアンダースローの渡辺俊介投手だった。なにしろ、ど真ん中のストレートに対してバットが空を切るのだ。まるでソフトボールのライズボールのように低い位置から浮き上がってくるので、スピードガンの数字以上に速く感じた。

簡単につかまえられそうなのに、当たらない。カーッと熱くなってマウンドに視線を向けると、相変わらずポーカーフェイスの渡辺投手がいる。なんというか、シラッとした顔というか、彼独特の冷めた感じがまた、よけいにイラ立ちを覚えてしまう。

それともう1つ、渡辺投手の足の動きも私のバッティングを狂わせた。ランナーがいないとき、彼は振りかぶらずノーワインドアップで投げてくるのだが、投球動作に入る直前、準備動作として左足を一度シュッと前方に蹴り出してから後ろに引く。このシュッがなんとも気になって仕方がない。なかなかタイミングがとれず、苦労した。

サウスポーの杉内俊哉《としや》投手（現巨人）も、彼が福岡ソフトバンク在籍時に対戦したことがあるが、タイミングのとりづらいピッチャーだった。理由は球持ちの良さにある。

どこにでもいる普通のサウスポーと同じ感覚で彼のストレートを打ちにいくと、「ここだ」と思った瞬間からもう1つ下半身で粘りを作ってくるので、私とすれば、どうしても上げた右足を先に着かされてしまう。この段階で、まずタイミングが狂う。

そして、いかにも変化球を投げてきそうな投球フォームなのに、最後の最後でシュッと腕が鋭く遅れて出てくる。このリズムの変化によって、140キロ程度のストレートであっても差し込まれるという現象が起きた。「打とう！」と思ったときには、ブワーンとうなりを上げながら、ボールが手元まで来ている。そんな感覚だった。

対策としては、自分の右足が地面に着くタイミングを、投球フォームに合わせて遅らせるしかない。つまり、こちらのタイミングで打つことを許してくれないピッチャーだったのだ。

日本時代とメジャーで異なる姿のダルビッシュ有、前田健太

北海道日本ハム時代のダルビッシュ有投手（現シカゴ・カブス）と初めて公式戦で顔を合わせたのは、06年の交流戦だった。彼も上原投手と同じように、「後ろが小さく、前で放せる」ピッチャーだ。

初対決の結果は3打数1安打。さらに、この年の日本シリーズ第5戦でも激突、このときは、4打数2安打だった。ヒットを打ったから言うわけではないが、そんなにいやな感じはしなかった、ストレートもそれほど速いとは感じなかった、というのが正直なところ。

ところが1年後、07年の日本シリーズ第1戦で再会したときは驚いた。バッターボック

スからマウンドまでの距離がやけに短く感じられた。プレートから1歩前に出て投げているんじゃないか、と疑念をいだかせるほどに、彼の姿が大きく見えたのだ。ストレートも、1年前とは比較にならないほど速くなっていた。

結果は、4打席対戦して3三振1四球。すっかり変貌《へんぼう》をとげた彼のたたずまいの前に、私は受けのバッティングに終始してしまった。攻めることができず、完敗だった。

過去にストレートを打たれたことを踏まえたのではないだろうか。最初は、変化球中心の組み立てで攻める。そして、十分に変化球を意識させてから、今度はストレートを外角にズバッと投げ込む。そうかと思えば左バッターの泣きどころ、ヒザ元へ食い込むスライダーで攻めてくる。攻略の糸口がまったく見えない、完璧なピッチングだった。

ダルビッシュ投手は、07年に防御率1・82と驚異的な数字をマークすると、11年まで実に5年連続で防御率1点台を記録。1人だけ別次元のピッチングを見せていた。そして、満を持して、12年からメジャーリーグに挑戦し、17年までに通算56勝42敗の成績をおさめている。ただ、正直、日本時代の無双ぶりを肌で感じたものとしては、メジャーでももっと勝ってもいいのではないかと思う。シーズンによって、テイクバックのとり方が変わるなど、フォームがなかなか安定してこないのが気がかり。自分が抑えられたから言うわけではないが、やはり彼は日本ハム時代の07年のピッチングが最も良かったのではないか、というのが私の印象だ。その後は右腕の出どころが若干《じゃっかん》低くなっており、意外とストレートで空振りが取れなくなっている。様々な変化球を使いこなす器用な投手ではあるが、だからこそ、ストレートも磨いてほしい。あれだけのスライダーを投げられるのだから、ストレートとスライダー、そして右バッターの体に向かってシュート気味に変化するツーシーム、以上3つの球種を中心に、まだまだこの先もチームの主力投手として活躍できると思う。

PL学園高校の後輩であり、広島を経て、今やメジャーリーグで活躍するマエケンこと前田健太投手（ロサンジェルス・ドジャース）についても触れておきたい。

彼はコントロールが良く、どんな変化球でもストライクが取れるピッチャー。ただ、その分、年齢的には若いにもかかわらず変化球に頼る傾向があり、ストレートは見せ球的に使っている感じがあった。そこで私は09年、マエケンに向かってこう言った。

「まだまだ真っ直《ます》ぐを磨かなきゃ、アカンよ」

私の言葉にどれだけの影響力があったのか、それは定かではないが、プロ4年目を迎えた10年シーズン、前田投手のストレートは前年までと比べて明らかに速くなっていた。それによって、得意のカーブやチェンジアップの効果もアップし、自己最多の15勝という好成績につながったのだと思う。この10年を皮切りに、6年連続で2ケタ勝利を挙げ、通算97勝。カープのエースとしてチームを支え続けた。

そして、16年のメジャー移籍後は、先発のほか、リリーフとしても活躍している。固いマウンドへ対応するためか、ステップ幅を小さくして、上半身主導の投げ方にモデルチェンジをしたように感じる。相変わらず器用で、スライダー、カットボール、ツーシームを巧みに操っている。それでもやっぱり、ストレートが生命線であることは変わりなく、これから長く投げ続けていくためにも、ピッチャーの基本となるストレートを追求していってほしい。高校、そしてプロの先輩として、大いに期待している。

アウトローで勝負できる菅野智之、スライダーのキレ味光る菊池雄星《ゆうせい》

好投手攻略法の最後に、今のセ・リーグ、パ・リーグを代表する左右の両エースついて触れておきたい。巨人の菅野智之投手と、埼玉西武の菊池雄星《ゆうせい》投手の2人だ。右なら菅野投手、左なら菊池投手が、現在の日本プロ野球界で最高峰のピッチャーと言って、間違いはないだろう。

菅野投手のすごさは、「困ったらアウトロー」という昔からある格言を、しっかりと行動に移し、結果につなげていることだ。今はたくさんの球種を投げるピッチャーが増えているが、やっぱり、ピッチャーの基本はアウトローにある。ピンチの場面で、アウトロー

のストレートで見逃し三振を奪えるのは、菅野投手しかいないのではないか。

バッターからしてみると、目からも体からも遠く、さらには低いため、いちばん長打になりにくい。目から遠いということは、バットの芯でボールをとらえるのが難しいことになる。さらに、体からも遠いため、スイングの力がボールに伝わりにくい。芯でとらえたとしても、せいぜいシングルヒット止まりだ。

もし、私が今の菅野投手と対峙《たいじ》することがあったら、球種で割りきるしかないだろう。すべての球種を追いかけて打てるほど、甘いピッチャーではない。私のような左バッターからすると、インコースに食い込んでくるカットボールやスライダーがやっかいなので、それをどれだけ捨てられるかがカギになる。追い込まれるまでは、外のストレートと外から入ってくるスライダー系に絞っておきたい。試合の序盤に外をとらえることができたら、第3打席や第4打席では、内側に食い込んでくるスライダーを思いきって狙うのも1つの手になる。このあたりは、バッター対バッテリーの駆け引き、読み合いになってくる。

菊池投手は、ストレートと同じ腕の振りで投じるスライダーが絶対的な武器。試合を見ていると、右バッターも左バッターもワンバウンドするスライダーに手を出してしまっている。ファンからすると、「なんであんなボールを振るんだよ」と思うかもしれないが、それだけ菊池投手のスライダーにキレがあり、おそらくは途中まではストレートと同じ軌

直球と同じ腕の振りのスライダーが武器の菊池雄星投手。一線級には「割りきり」も大切。

道に見えているのではないか。そうでなければ、あそこまでのボール球を振ることはなかなかないものだ。

私が打席に立つとすれば、インコースかアウトコースか、ホームベースをタテに半分に割って、コースで待つようにする。左対左の場合は、外に逃げるスライダーへの対応が1つのカギになるので、それを狙うか、あるいは捨てるかによって、打席での対応が変わってくるのだ。菊池投手ほどのキレになると、アウトコースに目付けをしておかないと、あのスライダーは打てない。対菅野投手にも言えることだが、一流投手と対戦するときには、覚悟を持った「割りきり」が必要になる。

特別対談
後編

立浪和義×坂本勇人

未来へのバッティング強化術

足を上げて踏み出すときの注意ポイント

「足が着くまでの時間が大事。勇人は若いころからできていた」――立浪
×
「上げた足の動きは、それほど意識しているわけではありません」――坂本

立浪　バッティングは、始動が早いに越したことがないけど、早すぎると前に突っ込みやすい。勇人は、足を上げる始動を早くしながらも、軸足に重心を乗せた状態を保ち、踏み出した足に遊びを持たせて回すようにゆっくり着けている。バッティングには、この足が着くまでの時間ってすごく大事で、早めにバンと着くタイプは大したバッターじゃないと思う。こうした間《ま》を勇人は若いときからできていたけど、できる人は教えられなくてもできるんだと思っていた。

坂本　僕もタイミングは、すごく大事だなと思ってやっていますが、上げた足の回すような動きは、それほど意識しているわけではありません。もともと大きく上げていたんで、小さくしようとは思っていますけど。

立浪　昔（2002年）、日米野球を東京ドームでやったとき、当時（シアトル・）マリナーズに在籍していたイチロー君に、「バッティングで気にしているのはなに？」って聞

足の着き方もポイント。坂本選手の足に遊びを持たせた独特の間《ま》がセンスを感じさせる。

いたことがあるんだ。そしたら、彼は左バッターだけど、「右足を着く間《ま》、それをいちばん大事にしています」って。

イチロー君の右足の使い方は特徴的で、投手を経験しているから、あの足の使い方ができるのかどうかと聞かれたら、それはよくわからない。

ただ、投手も上げた足をゆっくり着くのがいいという部分では同じだとは思う。早めにドンと着く投手は、打者側からすれば球が速くても準備が早めにできるので、対応しやすい。一方で着くまでに粘る人は打ちにくい。どうしても投手のフォームに合わせて、バッターの体が前に出されてしまうので、詰まりやすくなる。巨人なら、いいときの杉内（俊哉）投手。あとは、（マイルズ・）マイコラス投手（現セントルイス・カーディナルス）もそう。あのフォームでバッターを前に出させ、140キロでも150キロに見せることができる。勇人、ずっと黙って聞いているけど、言っていることが間違っていたら、教えてよ(笑)。

坂本　そのとおりだと思います(笑)。

立浪　高校（PL学園高校）で一緒にやった片岡（篤史）と、日本ハム時代の小笠原（道大）君と3人でメシを食ったとき、小笠原君も同じことを言っていた。「なにを大事にしているの？」って聞いたら、「足を着くときです」って。彼も左打者だけど、右足を着くときに、拇指球《ぼしきゅう》から柔らかく着くようにしているらしい。そのとき、自分もまだ現役だったけど、それを聞いて取り入れたら、すごく良くなった。そういう出し方をすると、自然と間《ま》ができるんだね。ただ、彼が巨人に行って、2000安打の前くらいに、まったく打てなくなったときがあった。自分はもう解説者になっていて、たまたまバッティング練習を見ていたら、足をドンと着いていたんだ。それで、「あんなに言っときながら、やってないじゃないか」って言ったら、それから彼は少し良くなったよ（笑）。

坂本 確かに、小笠原さんは足を踏み出す練習をよくしていましたね。

立浪 ベンチでもいつもバットを持って、渋い顔してクネクネさせながら、なにかしていたよな（笑）。守備のボール回しも必死にやるし。一度、「疲れるだろ」って言ったら、「いっぱいいっぱいです」って（笑）。

なぜ、ホームベースから離れて構えるのか？

「離れたら、ボールゾーンに変化するボールには、バットが止まるように」──坂本
×
「デッドボールが怖《こわ》いのかと思った」──立浪

坂本 フォームの修正を頻繁《ひんぱん》に行うかどうかで言うと、大きくではないですが、トップの位置とかタイミングはよく変えています。試合中でも変えるときはありますよ。

立浪　ある記事で、どんな話でも、たとえ年下の話でも、参考になることは取り入れるって書いてあった。その心構えがすごいな。どうだい、勇人の記事は絶対読むようにしているんだ(笑)。

坂本　ありがとうございます(笑)。踏み出す足についてはそれほど意識してなかったんですが、大事だなとは思っています。

立浪　じゃあ、勇人がバッティングでいちばん意識しているのは？

坂本　打席では軸足を意識し、僕は頭が動きやすいんで、頭が右足の上にあるイメージでやっています。スタンスも狭くして。逆にそれ以外は、それほど意識していません。

立浪　一度、「頭が前に出ているな」って言ったことあるよね。ベース方向にね。

坂本　はい。

立浪　ベースから離れすぎているから頭が前に出るんじゃないかなと思って見ていたけど。

坂本　以前は、外のスライダーとかを全部振って空振りとか凡打になっていたんで、ベースから離れたら振らないかなと思ったんです。実際、離れたら、ボールゾーンに変化していくようなボールには、バットが止まるようになりました。近づいていたときは、ストライクに見えて振っていたんですね。本当に届かないストライクは仕方ないかと、割りきっています。

著者とプライベートでも交流のある坂本選手。打撃論や思い出話で、対談は盛り上がった。

立浪　デッドボールが怖《こわ》いのかと思った。

坂本　いや、それは大丈夫です。

立浪　ただ、外はある程度、踏み込んでいかなきゃいけないよね。結果的にインコースに詰まることもあると思うけど。

坂本　ありましたね。次のシーズン（18年）は、ほんの少しですが、近づこうかとは思っています。

立浪　下半身の筋肉を鍛えて、後ろ足重心。離れて構える。その2つが16年の打撃開眼の要因ということだね。

坂本　意識の問題もあったと思います。打撃コーチの内田（順三）さんが、毎日、打撃練習でも試合でも、同じことを言ってくれるんですよ。「そんなの、もうわかっているよ」とは思ったんですけど（笑）、やっぱり言われると、意識するじゃないですか。それが良かったと思います。

立浪　なにを言われたの？

坂本　「ボールの内側を見ろ」。あと、打撃練習では「引っ張りを意識せず、ライトとレフトではなく、左中間、右中間、センターに」って。ティーでバットの軌道の話も毎日してましたね。

坂本選手の打撃開眼の秘密に迫っていく著者。達人2人のバッティング理論は共鳴した。

内田さんの指導は、僕にはむちゃくちゃ合いました。17年は二軍コーチなどをされていましたが、16年に、僕だけじゃなく、一軍のみんなのバッティングが良かったのは、間違いなく内田さんのおかげだと思います。

バットへのこだわり

「タモはしなりを使えるけど、メイプルはしならんよな。大丈夫?」——立浪

×

「僕は問題ないです。もともとのモデルは、由伸《よしのぶ》監督のものです」——坂本

立浪　バットはメイプルだっけ。

坂本　はい。もともと1年目はタモだったんですけど、タモの材料が不足しているんで、早めにメイプルにしたほうがいいと言われまして。

立浪　タモはしなりを使えるけど、メイプルはしならんよな。大丈夫だった?

坂本　僕はまったく問題ないです。

立浪　形はどうしてるの?

坂本　入団時から変えていません。グリップの太さを多少変えたくらいですね。もともとのモデルは(高橋)由伸《よしのぶ》監督のものです。

メイプルは折れづらいのかどうかというと、バットの、折れる、折れないは、材質とあまり関係ないんじゃないですかね。僕はもともと、そんなに折れるほうじゃないですし。

立浪 インサイドから出る、いいスイングをしているからだよ。やっぱりドアスイングになるバッターは、バットを折ることが多いからな。

坂本 小林（誠司《せいじ》）は、バットをたくさん持っていますね（笑）。

立浪 彼は、バッティングをもう少し頑張ってほしいね。守備はいいんだから、もったいないよ。相手投手からしたら、打順8、9番で（力を）抜けたらラクだしね。今の野球は、キャッチャーも打たないと強くならない。若手の捕手で、宇佐見《うさみ》（真吾《しんご》）選手のバッティングはいいね。

坂本 いいですね。守備は、小林とかなり差がありますけど。

立浪 長野でやった中日戦（17年9月5日）で、宇佐見選手のすごいホームランがあったよな、9回裏の同点弾。あの試合の解説をしていて、長い試合になっていたんで、「ああ、終わった。これで帰れる」と思ったら、内角低めのとんでもないボール球を打ったんだ。あれはびっくりした。帰りはえらく遅くなったけどね（笑）。

でも、17年の巨人はホームランが少なかった。阿部（慎之助）選手も年齢的なことがあるから、もうそんなにホームランは打てないだろうし、やっぱり優勝を狙うなら、大砲の補強は必要。外国人選手はやってみないとわからないけどね。獲得しても、（アレックス・）ゲレーロ選手などはとくにメンタルにムラがあるし(笑)。ただ、大砲は一発で局面を変えられる。補強がないと、勇人がきつくなるのは確か。巨人が強かったときは、どこからでも点を取れたから、相手投手もどこかでつかまってしまう。17年は、（ケーシー・）マギー選手と勇人を警戒すればいいだけの時期が長かったんで、ラクだったと思うよ。

マギー選手はホームランはあまり打てなさそうだけど、チャンスに打てそうなバッティングをするいいバッターだね。ただ、セカンド守備はどうかな。やはり、ほかの選手で固定しないとダメだろうね。ショートをやっていても、セカンドが決まらないと、キツいんじゃないか？

坂本　やっぱり、ずっと一緒にやっていたほうが考え方もわかりますからね。

立浪　吉川尚輝《なおき》選手はどう？

坂本　けっこういいですよ。広島の菊池（涼介《りょうすけ》）っぽい雰囲気があります。すごくうまいというわけじゃないけど、ヒット性の当たりをよく捕っていますし、17年の最後の出場（10月3日、東京ヤクルト戦）で打ちましたしね。ほかにも、辻《つじ》（東倫《はるとも》）、（吉川）大幾《だいき》、山本（泰寛《やすひろ》）と若手がいるんで、誰か出てきてほしいですね。

立浪　大幾もいるのか。ＰＬの後輩なんで、よろしくね(笑)。確かに若手でいいと思うけ

チームメイトを鼓舞《こぶ》し、引っ張り続ける坂本選手。後輩たちの台頭にも期待している。

ど、寺内（崇幸《たかゆき》）選手をもっと使っても良かったかもしれないしね。打率は低いけど、意外といい場面でコソッと打つから（笑）。あとは村田（修一）選手が出たあとのサードだな。マギー選手か岡本（和真）選手なんだろうけど、やっぱり村田選手は残したほうが良かったんじゃないかな。代打でも使えるしね。

坂本　出番が少ない中でも結果を出していましたし、もったいないと思います。

立浪　守りもいいしな。ただまあ、それもFAで入った選手の宿命かな。そう言えば、山口俊《しゅん》投手はどうしてる？

坂本　今、絶好調と言っていました（笑）。

立浪　評判落としたけど、性格はすごくいいよね。これからはやるんじゃないかな。

立浪　勇人がどのくらいホームランに対する意識を持っているかも聞きたかった。1回、31本を打ってるしな（10年）。というか、あれはなんだったの？（笑）。

坂本　なんなんですかね（笑）。あとは、20本以上も、16年だけですしね（23本）。

立浪　11、12年は統一球で全体的にホームランが減った年。その中でも12年には最多安打。やはりすごいよ、勇人は。

これからの目標

「もう1回、首位打者を獲《と》りたいです」──坂本
×
「名球会も見えてきたよね。どうせなら抜いちゃうか、張本勲さんを(笑)」──立浪

立浪　でも、今は想像してないかもしれないけど、最後はどこを守るのかな。長くはやってほしいけど、やっぱり最後までショートは難しいからね。でも、サードは怖いよ。思ったより打球が速い。

坂本　ファーストをやったときも怖かったです。ショートと違いますね。

立浪　セカンドで先発は？

坂本　2年目（08年）の開幕戦だけです。ただ、二岡《におか》（智宏《ともひろ》）さんが試合中に肉離れをしてショートに回って、それからずっとショートですね。

立浪　運があるな。

坂本　あのとき、オープン戦はずっとショートだったんですが、（故障していた）二岡さんが間に合うとなってセカンドに入ったんですよ。でも、セカンドって経験がないじゃないですか。それで最初、一塁のスンちゃん（李承燁《イ・スンヨプ》）と僕のあいだにフライが飛んだんで

すが、これが真ん中で落ちた。このときヒサさん（高橋尚成《ひさのり》）が初の開幕投手だったんですけど、完全に切れちゃった(苦笑)。それでショートに回ったあとも、今度はレフトがラミちゃん（アレックス・ラミレス／現横浜DeNA監督）だったんですが、僕とのあいだに飛んで、「ラミちゃんの球だなあ、なかなか捕りに来ないなあ」と見ていたら、これも落ちた(笑)。ヒサさんもそうだし、阿部さんにもめちゃくちゃ怒られました。「厳しいな。俺、スタメンデビューなのに」って思いましたけど(笑)。

立浪 向こうは覚えているのかな。

坂本 怖くて聞いたことないです(笑)。ただ、内海（哲也）さんにはよく言われます。「ヒサさん、すげえ怒っていたな」って。その後も、ヒサさんの試合は緊張しましたね。その年、ヒサさんの登板試合では、1回もエラーしていません(笑)。

立浪 おお、マツタケ入りの雑炊《ぞうすい》が出てきた。あとはデザートだから、話も締めないとね(笑)。月並みな質問だけど、これからの目標は?

坂本 もう1回、首位打者を獲《と》りたいです。

立浪 17年も、途中までは良かったけどな。

坂本 ただ、前の年とはまったく違いました。いいときも、なんとなくごまかして打っているな、という感じでした。「こうやってやれば、ヒットが打てる」でやっていたときと坂本選手はプロ2年目となる2008年の開幕戦に、セカンドのスタメンで出場している。思わぬドラマがあった試合だ。

この08年の別の試合でヒーローとなった坂本選手が、小笠原道大選手（左上）、因縁の(?)高橋尚成投手（左下）と、試合後、リリーフカーで球場を1周し、観客の声援にこたえた。

比べ、17年はいろいろやりながらいちおう打ってはいましたが、どこかで打てなくなるのかなと思っていました。

立浪　見ていた人にはわからないかもしれないけど、細かいところはずいぶん変えていたしね。

そう言えば、1500安打も達成したし（17年末で、1559安打）、もう、名球会（2000安打）も見えてきたよね。今29歳（18年の誕生日で30歳）だから、3000安打もいけるんじゃないかな。今は試合数も多いしね。どうせなら抜いちゃうか、張本勲さん（日本プロ野球最多の3085安打を記録）を（笑）。

坂本　いやあ……（苦笑）。

第5章　まだある打撃覚醒のヒント～子どもたちにも伝えたいこと～

一度やると決めたら、妥協《だきょう》せず続けていこう

この最後の章では、まだ触れていない打撃開眼法をお伝えしたり、今までのおさらいをしながら、本のまとめとしていきたい。また、私の少年時代、及び高校時代を振り返りつつ、現代の子どもたちに向けたメッセージなどもお話ししてみたいと思う。

私は小学生のころ、とても体が細く、まさにガリガリだった。その中で、体の大きい人には負けたくないという気持ちが強く芽生えた。もちろん自分自身も体が大きくなりたくて、いろんなことをやった。毎朝、家の近くの淀川《よどがわ》の河川敷を走ることから始まって、腕立て伏せや腹筋、背筋の運動のほか、鉄アレイを持ち上げたり、牛乳もよく飲んだりした。周囲から少しでも大きく見られたくて、ユニフォームのズボンの下にもう1枚はいたこともあった。

また、風呂に入ったときは、湯船につかったままお湯を手のひらでかく動作を延々とやった。水の抵抗を感じながら手を動かすことで、手首が鍛えられると思ったのだ。この運動が功を奏したのか、プロ入り後も手首に関しては大きな故障に見舞われることがなかった。

自分に足りないところ、自分の弱いところはどこなのか。それを見つけ、自覚して、しっかりとした目的意識を持って練習していくというのは、とても大切なことだ。

プロの選手ともなれば、特定の部位を強化するために最新のマシンを使うなど、適切なトレーニング理論に基づいた運動をやっていくが、子どものころは単純なトレーニングによって鍛えるほうがいいと思う。それだけで十分だろう。腕立て伏せ、腹筋、背筋、ランニング。高価なマシンなどなくても、例えばスクワットはどこでもできる。学校の鉄棒を使えば、懸垂《けんすい》もできる。風呂場でも手首を鍛えられる。なによりも、バットを振ることで自然と体に力がつき、スイングスピードが上がる。もし素振りをするスペースがなかったら、腕をグルグル回してみてほしい。それだけで、肩の筋肉は鍛えられる。

「よし、今日からトレーニングを始めよう」

そう思ったあなたに、もうひと言。一度やると決めたら、決して妥協《だきょう》せずに続けてほしい。いきなりしんどいことを自分に課す必要はない。いきなり1時間のランニングをやって、次の日は疲れているから「やーめた」では意味がない。たとえ1日10分のランニングでも、たとえ10回の腕立て伏せでも、たとえ1日10スイングの素振りでも、継続することに意味がある。コツコツ練習する習慣を身につけることで、根気も養われる。

最近の少年野球では、週末の2日間だけ全体練習を行い、月曜から金曜まではなにもやらないチームがほとんどだと思う。これでは土曜、日曜にどんなにハードな練習を積んだとしても、技術の上達は期待できない。したがって、自分で目標を立てて、それをやり抜くことが重要になってくる。トレーニングを継続して行うことによって、新たな課題も見えてくるはず。そして、新しい課題が見えてきたら、目標を再設定して、またやり抜いていく。日々の積み重ねこそがうまくなる近道なのだ。

子どものうちに養ってほしい「考える力」

私が小学4年のときに入団した茨木ナニワボーイズ。当初は上級生の練習を見ているだけだった。冬になると、凍えるような寒さの中、それでもじっと立ったまま動くことはできない。すっかりかじかんだ手で自転車のハンドルを握り、家路につく。グラウンドから自宅までは、時間にして20〜30分。ただただ寒くて、つらかった記憶しかない。

その後、試合に出られるようになって、ようやく野球の楽しさを感じ始めたが、今にして思うと4年生のころは、一種の修行を強《し》いられていたような気がする。ただ、それによって身についた我慢強さが、高校野球やプロ野球に進んでからも役に立ったと思う。

あれから40年ほどの歳月が流れ、少年野球を取り巻く環境も劇的に変化している。当時との決定的な違いは、親御《おやご》さんたちの熱の入れようだと思う。

野球教室などに講師として招かれると、保護者の方と接する機会も多いのだが、全般的に子どもたちに大きな期待をかけすぎている。そして、子どもたちにとっては、それがプレッシャーとなっているような印象を強くいだいている。

失敗は子どもの特権。失敗によって気づくことは、山ほどある。失敗によって、子どもたちは成長していく。ところが、過度に期待するあまり、親がその結果に対してあれこれ口出しをすると、子どもは萎縮《いしゅく》し、伸び悩んでしまうだろう。

ゴルフなどの個人スポーツと違って、野球は自分が三振しても誰かがヒットを打つことで助けてくれたり、自分がエラーをしてもピッチャーが後続を抑えることでカバーしてくれたり、そういうところから、チームワークや友情を育《はぐく》める団体スポーツ。「自分の成績が悪いから、これはアカン」と思えるようなスポーツではない。「またミスをするとチームに迷惑がかかるから、次こそは頑張らなアカン」と思わせてくれるスポーツ、それが野球なのだ。

親御さんたちにお願いすることは、少なくともお子さんが小学校低学年のあいだだけでも、過度な期待はぐっとこらえて自由に表現させてあげてほしいということ。子どもたちは自由な表現の中から、いろんなことを小学生なりに気づくはずだ。気づくことによって、小学生なりに「次はどうしようか」と考えるはず。そして、一生懸命、野球に取り組むことで、心も体も磨かれていくはずだ。野球の技術を高めていくことも大切だが、子どものうちに考える力を養っておくことはそれ以上に大切なことだと、私は思っている。

いい結果を出そうとしない

「ヒットが欲しい！」

バッターボックスで誰しもが考えるであろう、数秒先の結果。私もしばしば結果を追い求めてしまったが、実際に好結果を得られる保証はどこにもない。むしろ、「ヒットが欲しい」と気持ちが先走ることによって、スイングは崩《くず》れやすくなった。

したがって、バッターボックスではとにかく自分のスイングをして、強くボールを叩《たた》くことだけを心がけるべき。これは子どもたちにも当てはまることだと思う。

「三振したら、監督に怒られるんじゃないか」

こんなマイナス思考のまま、バッターボックスに入る子どもたちも少なくないはず。「そんなこと考えずに、プラス思考で行け」と言う人もいるだろうが、常になにかしらの結果は出るので、ポジティブに考えるというのもそれほどやさしい作業ではない。

しかし、「こうやったらアカン」とか「失敗したらアカン」などと自分で自分を追い詰めると、好結果はなかなか得られない。すでに説明してきたように、ヒットを打つ確率は、いいバッターでもたった3割。打てないことのほうが圧倒的に多い。失敗したら、その理由を自分で考えて、次こそ成功すればいい。成功に向かってまた一生懸命、練習すればいいのだ。いい結果を出そうとか、うまくやろうとか、あるいは失敗したくないとか、そういう考えはまず捨ててほしい。決して小さくまとまらないでほしい。

自分の前には8人の野手が守っている。どんなにいいライナーを打っても、野手の守備範囲に飛んでしまえばアウトだ。バッティングの結果なんて、そんなもの。どんなに強く念じたところで、結果のすべてを自分の力によって操《あやつ》れるわけではない。ただ、バットをしっかり振ってボールを強く叩くことができれば、打球が8人いる野手のあいだを抜けていく確率は間違いなくアップする。つまり、ヒットになる可能性が高くなるということ。子どもたちはまずそこを目標にして、自分のスイングを作っていくべきだと思う。

もちろん、ボールを強く叩くというのも、決して簡単なことではない。もし、「ちょっと難しいなあ」と感じるようであれば、練習でやってきた成果をほんの少しでも出してやるんだと、それだけを考えてバッターボックスに立ってみてほしい。

力《りき》みは禁物だ。下半身で踏ん張りつつも、いかに上半身の力を抜くか。もし、極度の緊張が襲ってきたら、単純ではあるが、深呼吸を2、3回して胸のドキドキを抑えよう。「ヨッシャ！」と腹の中から大きな声を出してみるのもいいだろう。それに、「緊張して当たり前」と思っていれば、緊張とうまく付き合えるものだ。

じょうずな人のプレーを見て勉強する

「どうすれば野球がうまくなりますか?」

野球教室などで、子どもたちからしばしばこのような質問を受ける。私の答えはほとんど決まっている。1つは、先ほども説明した「自分が一度やると決めたら、妥協せずに継続していくこと」。もう1つ、よくお話しさせていただくのが、「じょうずな人のプレーを見て勉強すること」だ。自分のチームの選手でもいいし、相手チームの選手でもいい。もちろん、プロの選手でも構わない。「あの人、じょうずだなあ」と思える選手がいたら、ただなんとなく視線を向けるのではなく、そのプレーをじっくり観察することで、自分とはどこが異なり、自分にはなにが足りないのかを探っていく。目標になる選手の動きを分析することで、見る力と考える力を養っていくのだ。

私がその重要性に気づかされたのは、高校時代、PL学園のグラウンドだった。

1985年春の入部からしばらく、6月ぐらいまで私たち1年生の練習メニューと言えば、アップからキャッチボール、そしてノックについては上級生とともに受けることができたものの、バッティング練習が始まると、もっぱら外野で球拾いに専念していた。

しかし、その中でノックこそ、私にとって貴重な勉強の時間となった。それぞれのポジションごとに、3年→2年→1年の順番でノックを受けていくのだが、上級生の動きを背後から見ているだけで勉強になったし、そのときの自分の力も把握することができた。当然、もっと頑張らなきゃいけないとも思った。そうやって、上級生の中にまざってノックを受けているうち、自然と高いレベルに自分が染まっていった。じょうずな人のプレーを見て勉強する、その大切さに気づかされた。これだけでもPL学園に入って良かったと思う。

桑田真澄さんと清原和博さん。この両先輩からも、多くのことを学んだ。全体練習が終わると、清原さんはいつも黙々とマシンを使ったバッティングやティーバッティングで汗を流していた。桑田さんは毎朝、近所のゴルフ場をランニング。練習終了後もまた走りに出かけるという日常を繰り返していた。高校球界のスーパースターとしての地位を確立しながらも、なおひたむきに練習に取り組んでいる。高いレベルにある先輩方がこれだけ頑張っているという現実を目《ま》の当たりにして、私は大いなる刺激を受けた。

桑田さんとは数か月ではあったが、野球部の寮の同じ部屋で生活をともにする機会を与えていただいた。1回目の部屋替えの際、桑田さん直々《じきじき》の指名で「付き人」として呼んでいただいたのだ。4人1部屋で、桑田さんのほか、同じく3年の今久留主《いまくるす》成幸《なりゆき》さん（元横浜大洋、西武）、もう1人が2年生の先輩、そして1年生の私という組み合わせだった。

「たとえ赤いものでも、先輩が青と言ったら、青と言え」

これは入部直後、ある2年生から教えられた野球部の約束事だ。一事が万事、そうした有無を言わさぬ上下関係が、当時はチーム内に存在していた。1年生がなにか問題を起こせば、連帯責任で長時間の説教を受ける。厳しいという言葉では到底語り尽くせない、ただただ耐えるだけの毎日が続いていった。

しかし、そんな中で、桑田さんは優しい先輩だった。もちろん、部屋の中をきっちりしておくのは私の役割なので、それなりのプレッシャーは感じていたが、とくに怒られた記憶もない。

時は流れ、2010年の早春。09年で引退した私が、新人解説者としてキャンプ地めぐりをしていたところ、桑田さんとバッタリ出会い、夜の食事をご一緒させていただいた。するとその席上、桑田さんは私を付き人として指名した真意について、次のように話された。

「立浪はたぶんドラフトにかかるだろうから、俺と一緒の部屋にすることで、寮生活の厳しさから守ってあげようと思ったんだよ」

自分自身、プロ野球がまだ現実的な目標になりえていなかった高校1年春の段階で、桑田さんは先を見据《みす》えて付き人に指名してくださった。私はただただ驚くとともに、いくら頭を下げても下げ足りないという思いだった。

再び、85年の部屋の中。いくら優しい桑田さんといえども、1年生の私から気軽に話しかけることはできない。ただ、桑田さんは今久留主さんとよく甲子園の思い出話に花を咲かせていたので、それを静かに聞いているだけでも楽しいものがあった。

「1年の夏に連投したとき、準決勝と決勝は肩が満足に上がらない状態だったんだけど、なんとか投げられたんだよなあ」

そうだったのかと思いつつ、私は改めて、心の中で誓った。

「自分たちの代でも、絶対に甲子園に出てやるぞ」と。

チームメイトと一緒に壁を乗り越える

私を含めて、総勢18人の85年入学組。それこそみんな、中学時代はお山の大将を気取っていた男たちなので、1年生のころはよくケンカもした。しかし、厳しい寮生活の中で苦労と忍耐を分かち合っていくうち、気がつけば助け合いの心が芽生え、チームが1つにまとまった。この連帯感こそが、87年の春と夏、「自分たちの代」での甲子園大会出場につながり、さらには春夏連覇という最高の結果をもたらしてくれたのだと思う。

私はこのチームでキャプテンを務めさせていただいたが、なにより誇らしかったのは当時の3年生メンバー全員が、最低でも春、夏いずれかの優勝メダルを手にすることができた点。

ただその一方で、高校2年（86年）の夏を思い出すと悔しさばかりが募《つの》る。高2の春、私は1つ上の先輩たちとともに、甲子園の土を踏んだ。しかし、1回戦で敗退。それだけに、夏はもう一度、先輩たちと甲子園に行ってセンバツの雪辱《せつじょく》を果たしたい。いや、絶対に果たしてやる、と思っていた。

ところが、大阪府大会の準決勝で、泉州《せんしゅう》高校（現近畿大学泉州高校）に0対1で敗戦。私は学校に戻って泣いた。3年生に、ただただ申し訳ない。涙が止まらなかった。PL学園は甲子園に行って当たり前。周囲はそう見ていたかもしれない。しかし、私たち選手は、大阪府大会を勝ち抜く難しさを肌で感じていた。一発勝負。紙一重の戦い。ときには運も味方につけなくては、甲子園に手が届かない。全国に何万といる高校球児の大多数が、毎年夏の地方大会で敗れ、悔し涙を流すことになる。確かに甲子園出場を果たせばその経験は一生の思い出になるが、たとえ夢がかなわなくても、甲子園出場を目指してチームメイトとともに苦しい日々を乗り越えた体験は、一生の財産になるはずだ。

私たち85年入学組は、年に一度のペースで同期会を開いている。同期会の名称は「連覇会」となっているが、話が弾《はず》むのは、1年生のころのエピソードばかり。不思議なもので、甲子園で優勝した話はほとんど出ない。誰と誰がケンカしたとか、お前のせいで説教されたとか。ゲラゲラ笑いながら昔話を語り合える幸せを、私は噛《か》みしめている。

PL学園高校の1987年春夏連覇の要因は連帯感にあったと語る著者（前列右から３人目）。当時の3年生全員が、春、夏いずれかの優勝メダルを手にした（写真は87年夏のもの）。

今、甲子園を目指している高校生のみなさんも、いつかそういうときが来るように、目の前の一瞬を大切にしてほしい。どんなに苦しくても、チームメイトと一緒にその壁を乗り越えてほしい。苦しんでいるチームメイトがいたら、ぜひ手を差し伸べてあげてほしい。

内角のボールゾーンに向かって素振りをする子どもたち

ここからは、バットスイングを伴《ともな》った練習方法の注意ポイントについて触れよう。

まずは素振り。野球教室で「まずは、バットを振ってごらん」と、なんら予備知識を与えずに素振りをさせてみると、デッドボールになるような内角のボールゾーンに向かってスイングする子どもたちをたびたび目にする。

なぜそうなるのか？　理由は明白、そのゾーンは上半身と下半身に一切のねじれを起こすことなく、ラクにバットが振れるからだ。第1章で説明したように、打撃においてはしっかり「割れ」の体勢を作ることで上半身と下半身に適度なねじれが生まれ、それが力強いインパクトへとつながる。したがって、体にまるで負荷をかけない素振りをどんなに一生懸命行ったとしても、実戦には役立たない。そもそも体に当たるような内角のボールゾーンは、それこそヒットエンドランのサインでも出ない限り、試合で振ることはまずない。

素振りをするときは、まずホームベースの位置を決める。段ボールなどを使って自分でホームベースを製作してみれば、ストライクゾーンの横幅も実感できるだろうし、一石二鳥だ。ホームベースの位置を決めたらピッチャーのほうを見て、構える。そして、タイミングも実戦同様にしっかりとり、あくまでもストライクゾーンの中からコースを想定してスイングする。本当に気持ちを入れてバットを振ってみれば、ラクな素振りなどありえないことがすぐに実感できるはずだ。

もし、目の前に全身を映し出す鏡やガラス戸などがあったら、バットを振る前に自分の構えがカッコいいかどうか、チェックしてみてほしい。構えでピッチャーに威圧感を与えられれば、バッティングを有利に進めることができるだろう。

トスバッティングに集約されている打撃の基本

2人1組となり、至近距離から投げられたボールを、投げ手に向かってワンバウンドの打球で打ち返す。投げ手はボールを捕ったら、またすぐバッターに向かって投げる。これを繰り返していくのがトスバッティングだ。

だいたいキャッチボールとフリーバッティングのあいだに「つなぎ」の練習として行わ

れることの多いトスバッティングだが、私は重要視している。なぜなら、トスバッティングにはバッティングの基本が集約されているからだ。

トスバッティングでは、投げ手に向かってワンバウンドの打球を打つことが求められる。そのためには、第1章で説明した「インサイドアウト」の軌道でバットを振らなくてはならない。具体的には、後ろ腕のヒジをみぞおちのあたりに入れ、グリップエンドから出していくイメージで振っていく。このスイングなくして、投げ手の正面に打ち返すことはできない。

そして、どのコースに投げられても正面に打ち返そうとすることで、バットコントロールの技術が身につく。外角のとんでもないボール球を無理やり正面に打ち返すのは理にかなったスイングとは言えないが、インサイドアウトのスイングを繰り返すことで柔らかな腕の動きが自然と身につくはずだ。

ただし、それもこれも「しっかり」トスバッティングをやってこそ。投げ手に軽くワンバウンドで打ち返すことばかり考えて、バックスイングをとらずに耳の横からバットを出していくようなトスバッティングでは、まったく意味がない。

ふわっと投げられたボールに対して、1球1球、第1章で説明したポイントを意識しながらバットを振っていく。そのうえで投げ手の正面に打ち返せるようになったら、今度は離れた位置からやや速いボールを投げてもらって、同じように打ち返してみてほしい。

ボールが速くなったからといって決して力《りき》まず、トスバッティングの延長だと思ってバットを振る。例えばフリーバッティングの場で試してみるのがいいと思う。そして、トスバッティングの延長としてフリーバッティングに臨めるようになったら、さらにその延長として試合に臨む。つまり、試合で強くバットを振るためにも、日ごろからトスバッティングでしっかり自分の形を作っておく必要があるということだ。もし、自分のバッティングが崩《くず》れてきたと感じたら、トスバッティングをやることで、一から見直してみよう。

一方、トスバッティングは投げ手にとってもいい練習になる。打ちやすいところに、それもゆるいボールを投げるためには、腕を柔らかく使わなくてはならない。そして、打ち返されたボールを捕球するときも、しっかり腰を落として股《また》を割る。そして、捕ったらすぐ投げる。これを20球ぐらい繰り返せば、もうしんどくなるはず。事実、私はしんどかった。だから、本音を言えば、トスバッティングはあまり好きになれなかった。

投げ手をラクに務めようと思えば、いくらでも手抜きができる。打ち返されたボールを股を割って捕球するのではなく、頭を下げてヒザを軽く曲げた体勢で捕りにいけば、これほどラクなことはない。しかし、これではやっぱり練習の意味がない。打つ人も投げる人も、1球1球、無駄にしないよう、「しっかり」トスバッティングに取り組んでいってほしい。

ティーバッティングでも、同じようにしっかりバックスイングをとらなくては練習効果が薄れる。ボールを投げてくれるパートナーが腕を引いたら、そのタイミングに合わせて自分もしっかりバットを引き、「割れ」の形を作ろう。

ティーバッティングの目的はいくつかある。単純な話、ボールを繰り返し強く叩くことによって、バットを振る力は間違いなくアップする。また、第1章で説明した「ウォーキング素振り」の要領で歩きながら行うティーバッティングも効果的。なぜなら、軸足に体重を乗せる感覚を養えるからだ。

私自身は、ティーバッティングをすることで、ボールの内側を叩く感覚を体に染《し》み込ませようとしていた。つまり、バットをグリップエンドから「インサイドアウト」の軌道で出していく。そのために、自分の背中側からボールを投げてもらうこともあった。背中側から投げられたボールを引っ張ってしまうと、パートナーに当たってしまう。パートナーに当てないようにするには、必然的にインサイドアウトの軌道が求められるのだ。

マシンの設定をスローボールに合わせてみよう

私はバットを握るとき、右手と左手をピッタリくっつけるのではなく、指2本分ほど離すようにしていた。これは茨木ナニワボーイズ時代、引っ張りの意識が強すぎるために右脇が開くクセがあったのだが、それを矯正《きょうせい》するために取り入れた握りだ。

右手と左手を離してバットを握ると、くっつけて握るよりもヘッドの重みを感じなくなり、結果的にバットのヘッドが立ちやすくなる。バットのヘッドを立てることができれば、ピッチャー側の脇は自然と締まる。そこで、この握りのままティーバッティングや素振りをすることで、クセを直そうとしたわけだ。

ティーバッティングはフォーム作りの土台になる。工夫次第でクセの矯正にもつながる。みなさんもそういう意識でバットを振るようにしてほしい。

最後に、バッティングマシンを使った打撃練習についても触れておこう。私自身、スピードボールへの対応やフォームを固めるために、マシンのボールを打ち込んだことは何度もあった。ただ、基本的にピッチャーが投げるタイミングとはまったく異なるので、好んでやる練習というわけではなかった。一定のリズムでそれこそ機械的にポンポン打つのではなく、バッティングピッチャーの方に投げてもらった生きたボールを打つほうが効果は断然高い、というのが私の考えだ。

最近は、立派なマシンを所有している少年野球チームも珍しくないようだが、チームにマシンがなくてもバッティングセンターに通う子どもたちは多いはず。

1回20球として、その20球を効果的に使おうと思ったら、例えばバッターボックス内の

著者はティーバッティングをすることで、ボールの内側を叩《たた》く感覚、つまり「インサイドアウト」の軌道を体に染《し》み込ませようとしていた（写真は、中日・藤井淳志《あつし》選手の指導にあたる著者）。

立ち位置を5球ずつぐらいで変えてみよう。ホームベースに近づけば内角球の練習になるし、危険性のない範囲で前に出ればスピードボールの練習になる。

そして、もし変化球を投げられるマシンであれば、逃げていくカーブに設定を合わせてみてほしい。逃げていくカーブを打ち返すにはバットを内側から出す必要があり、インサイドアウトのスイングが意識できるはずだ。

ストレートの球速を変えられるマシンであれば、あえてスローボールに設定を合わせてみるのもいいだろう。ただし、ゆるい球に合わせて、こちらのスイングもスローにさせてはいけない。早めにタイミングをとったうえで、手元まで引きつけてパチンと叩く。ゆるい球はしっかりとらえないと飛んでいかないので、その意味でも効果的な練習になると思う。

迷路にハマったら、シンプルに考えてみよう

私は08年からの2年間、打撃コーチを兼任する形で選手生活を続けていったが、その中で感じたのが、「教えることの難しさ」だった。

例えば、コーチの肩書きを持っていない1人のベテラン選手が、若手のバッターに向かって「バットはこれぐらいの角度で出していったほうがいいよ」とアドバイスを送ったと

しよう。すると若手バッターは、そのベテランが一軍で活躍していればいるほど、この人の言うことなら間違いないと、素直に耳を傾けてくれることだろう。

選手同士の関係では、ここでやりとりが完結する。つまり、口でアドバイスするだけ。いくらベテランといえども、コーチの肩書きを持たない者が、ずっと若手の面倒を見るわけにはいかないからだ。

しかし、これがコーチであれば、口頭でアドバイスをしてハイ終わり、とはならない。その選手ができるようになるための具体的な方法をさがしてあげる必要がある。そして、欠点が克服されるまで根気強く付き合っていくことが求められる。

プロ野球の世界に入ってくるような選手なので、アドバイスの意味を頭で理解することはできる。ところが、一軍と二軍を往復しているバッターは、どんなに頭でわかっていても、それをなかなか体で表現できず、苦しむことになる。この壁を選手と一緒になって乗り越えていく、それがコーチの大きな仕事だ。

では、実際にどうやって乗り越えていけばいいのか。コーチとして、選手になにをやらせればいいのか。例えば、「ドアスイング」のバッターというのは、トップの位置からスイングをしていく過程で、キャッチャー側のヒジが伸びることによってバットが外回りしてしまう。バットを持っていなければ簡単にヒジをたたむ動作ができるのに、バットを持ってボールを打とうとしたとたんにヒジが伸びてしまう。こういう選手に対しては、キャッチャー側の手にタオルを持たせ、そのタオルをバットスイングの軌道に沿って振らせてみた。すると、ヒジが伸びたままでは、タオルを勢い良く振ることができない。ヒジをたたみながらみぞおちのあたりに入れ、手首があとから遅れてついてくることで、初めてタオルはビュンと走る。タオル1本あれば、ヒジをたたむ感覚がよりリアルに伝わると思う。

ほかの練習としては、例えば、金網フェンスなどの前でフェンスと体が平行になるように立ち、バットを構える。そして、スイングをしていく過程でフェンスにバットのヘッドが当たらないようにすることで、やはりヒジをたたむ感覚がつかめるのではないか。

タオルを振ることも、金網フェンスの前でバットを振ることも、動きとしてはシンプルであり、誰でもトライできる練習方法と言える。2年間、指導する立場に回ってみて思ったのは、いかにわかりやすくシンプルに、こちらの指導内容を伝えられるか。行きつくところは「シンプル」の4文字だった。

第1章では、私なりの視点で、バッティングの動作を細かく解剖した。1つひとつ動きを分析していくとあのようになるが、実際の試合において1つひとつ動きを確認しながらバットを振っているようでは、ピッチャーのボールを打ち返せない。頭で理解したことを、いかに体で表現していくか。そのためには、例えば、タオルや金網フェンスを利用したで

タオルを使ってのスイング軌道の確認

キャッチャー側の手にタオルを持ち、振ってみる。ヒジが伸びた状態では、タオルを勢い良く振ることができない。ヒジをたたみながら、みぞおちのあたりに入れることが重要。それにより、手首があとから遅れてついてくることで、初めてタオルはビュンと走る。

きるだけシンプルな練習を取り入れたほうがいい、というのが私の考えだ。

そして、選手自身もシンプルにバッティングを考えられるように導いていく。プロ野球の世界では、決勝点を叩き出したバッターが「あのときは内角球をこうして、ああして、こうやって打ちました」などとよく語っているが、私に言わせれば、わざと難しく表現しているだけじゃないか、と。もし、「ああでもない、こうでもない」と迷路にハマりかけたら、1回立ち止まってバッティングをシンプルに考えてみていただきたい。ワンポイント挙げるとすれば、その場で軸回転することだけを考える。22年間、プロの世界でいろんなタイプのバッターを見てきたが、結局は、その場で体が回っているバッターが安定した成績を残せている、というのが私の実感だ。

もう1つ、指導するうえで「シンプル」と並ぶキーワードを挙げるなら、「極端」の2文字が思い浮かぶ。選手のクセを直そうと思ったら、それとは真逆の動きを極端にやらせてみる。例えば、第1章でも触れたように、上からボールを叩こうとした結果、バットが外回りしている選手に対しては、極端なアッパースイングでバットを振らせてみる。そうすることで、キャッチャー側のヒジがみぞおちに入っていく感覚がつかめるのではないか。

同じドアスイングを直すにしても、タオルを振らせればいいのか、金網フェンスの前に立たせるのがいいのか、あるいはアッパースイングで打たせればいいのか。選手に合った矯正法をさがすのも、コーチの大きな役割だ。もちろん、悪いクセはそう簡単には直らない。とくにプロ野球に入ってくるような選手はすでに体に染みついていることが多く、そういう意味では野球を始めてまもない子どもたちのほうが直しやすいかもしれない。

ただ、指導する側が野球経験者の場合、もどかしさを感じることも多いと思う。自分なら「こうしろ」と言われればできるのに、子どもたちはなかなかできない。できる人ができない人に教えることの難しさは、私も少なからず感じてきた。しかし、だからこそ、選手が欠点を克服して打てるようになったときの喜びはなにものにも代えがたいのだと思う。

以上、教えることの難しさについて触れてきたが、それとは別に「覚える」こともコーチの仕事だ。そのバッターの好調時の姿、形をしっかり記憶しておくことで、のちにバッティングの状態が下降したら、「良かったときにはこうなっていたよ」とアドバイスしてあげる。レギュラークラスのバッターに対しては、こういう対応が求められると思う。

野球選手にとって最大の幸せ

教えることに関連して、次のような質問を受けたことがある。

「多少の欠点には目をつぶって、そのバッターの長所を伸ばしていくべきなのか。それとも、なにはさておき、欠点を直していくべきなのか。どちらがいいのでしょうか？」

これは、難しい問題だ。基本的には長所を伸ばす方向で、欠点については「あれもダメ、これもダメ」と言いすぎないようにするのがいいと思う。ただし、ここだけは直さなきゃいけない、というポイントについては指摘していくべきではないだろうか。

ゆったりタイミングをとることもその1つだが、子どもたちのバッティングを見ていてどうにも気になるのが、前足をステップしてボールを打ちにいったときのバットの角度だ。ヘッドがピッチャー側に倒れすぎている、もしくは意識的に倒している子どもがとても多い。なぜダメなのか、その理由は第1章で説明したが、これは絶対に直さなきゃいけない欠点だと理解してもらいたい。

理想は、バスターで打ちにいったときのトップの形。これが基本形となる。バスター、すなわち送りバントの構えから一度バットを後方に引くことによって作られるトップの形を、通常のバッティングでも意識することが重要になる。バットを引いたとき、ヘッドをピッチャー側に倒している暇《ひま》はなく、自然と無駄な動きのないスイングになっているはずだ。

このワンポイントさえクリアできているなら、例えば多少バットが下から出ているなあと感じられても、そこはしばらく指摘せずに見守るという判断があっていいと思う。

もう1つ、子どもたちを指導するうえで配慮していただきたいことがある。それは、「ケガをさせないようにする」ということ。過保護に扱えと言うつもりは毛頭ないが、ケガや故障は、時としてその後の野球人生を大きく変えてしまう。

私自身がそうだった。小学4年でボーイズリーグのチームに入り、硬式のボールを投げるようになった。やがてピッチャーを任されたが、6年のころに右ヒジを痛めてショートに専念するようになった。決して投球フォームに問題があったとは思っていないが、ガリガリの体、細い腕で投げ続けることに無理があったのだと思う。

私の場合、あの時点で野手に転向したからこそプロ野球の選手になれたのかもしれない。しかし、ケガや故障、それ自体は決してうれしいものではない。どんなにバッティング技術が優れていても、ケガによって守備につくことができなければ、そもそも試合に出るチャンスさえ失ってしまう。

プロ1年目。右も左もわからない状況の中、私はただただ無我夢中だった。毎日の試合をクリアすることに必死だった。明日も試合に出られるように頑張ろう。それだけを考えていた。その結果、110試合に出場して新人王にも選んでいただいたが、一方でアマチュア時代にはなかった3連戦プラス3連戦で週6試合というスケジュールに体力が追いつかず、そのひずみが夏を過ぎたころ、右肩の痛みとなってあらわれた。

ボールをまともに投げられないほどの痛みを抱えたまま、それでも日本シリーズまで出場。ようやく全日程が終わってシーズンオフになっても、痛みは消えない。それどころか、年をまたいで再び投げ始めたときには痛みがひどくなっていた。

プロ2年目。シーズン開幕は二軍で迎え、一軍出場はわずか30試合にとどまった。このとき、ゲームに出られない悔しさを味わったことで、私はトレーニングの重要性に気づかされた。その意味では、「災い転じて福となす」と言えるのかもしれない。ただ、あの時点で右肩を痛めたことにより、遊撃手としての私の寿命は間違いなく短くなった。

プロ5年目となる1992年シーズンからは、当時の高木守道《もりみち》監督（元中日）にお願いをして、セカンドにポジションを移した。

地道《じみち》なリハビリが功を奏し、3年目には128試合、4年目には全131試合フル出場を果たすまでに回復してはいたが、ショートからファーストまでのスローイングはやはりつらく、自らコンバートを申し出るしかなかったのだ。

もし、右肩を痛めることなくずっとショートを守っていたら、私の野球人生はどうなっていたのだろう。そんなことをふと考えたりする。もしかしたら、ハードなプレーが要求されるショートを守り続けることで、もっと早く引退の時期を迎えていたかもしれない。むしろ、セカンドに移ったことが1つの転機になり、その後もレフト、サードとポジションが替わり、最終的には代打という役割を与えられた。ある意味で渡り歩いてきた野球人生だからこそ、22年間も現役でいられたのではないか、とも思う。

ただ、これも結果論でしかない。ボール1つ満足に投げられず、二軍で悶々《もんもん》とした日々を送っていたプロ2年目に、どこかの占い師から「実は20年後、盛大な引退セレモニーをしていただけるような選手になるんだよ」と言われても、絶対に信じられなかっただろう。

野球選手にとっての幸せは、元気な体で試合に出続けること。これにまさるものはない。したがって、少年野球の指導者や保護者の方には、子どもたちが体を痛めることのないよう、留意していただきたい。とくに軟式から硬式に変わるときは、しっかりとしたフォームが身についていないとヒジや肩の故障につながる危険性が高まるので、常にブレーキに足を乗せながら、厳しくも温かいまなざしで子どもたちを見守ってほしい。そう思っている。

目に涙がにじんだ瞬間

私は22年間の現役生活で2480本のヒットを打ったが、プロ入り時点で数字の目標は、いっさいなかった。いや、具体的な目標など立てようがなかったというのが本当のところだ。私にとってプロ野球は別世界の野球であり、それこそボールがバットにかすりもしないんじゃないか。その程度の自信しかなかったのだ。

加えて、1年目に右肩を痛めたことで、3年目以降は、「1シーズン、フルにケガなく働けますように」というのが自分の目標になった。

大きな区切りとなる2000安打にしても、00年4月13日の広島戦で1500安打を記録した時点でできることなら打ってみたいと思い、目標にもしてきたが、あと82本に迫った03年シーズン開幕の時点でもなお、本当に自分が偉大な諸先輩方のあとに続くことができるのか、まだまだその現実がピンと来ていない状態だった。

当然のことながら、2000安打を達成した瞬間のことは深く記憶に刻まれている。03年7月5日の巨人戦。林昌範《はやしまさのり》投手（元巨人、北海道日本ハム、横浜DeNA）から記念のヒットをライト前に運ぶと、敵チームの清原和博先輩から祝福の花束をいただいた。

これは、私自身が直接、「もし、この3連戦中に記録を達成したら、清原さんから花束をもらえないでしょうか」とお願いしていたことだったのだが、憧《あこが》れの先輩に快諾していただき、一段と気合いが入ったことを覚えている。そして、クリーンヒットによって2000本目を飾ることができたので、胸を張って花束を受け取ったことを思い出す。

また、このシーズンは開幕直後から立て続けにデッドボールを食らい、さらに6月1日のヤクルト戦では、ヒットを打った瞬間にぎっくり腰を発症するというアクシデントにも見舞われ、いつにも増してトレーナーの方にお世話になった印象がある。スコアラーの方、バッティングピッチャーの方、用具係の方……。そうしたチームスタッフの支えがあってこその2000安打達成であったことは言うまでもない。

「立浪さんが打ったヒットの中で、とくに印象深い一打を挙げていただけますか？」

現役引退を正式に発表したあたりから、この質問を何度となく受けるようになった。もちろん2000本目のヒットをはじめ、いくつか候補はあるが、あえてナンバーワンを選ぶとすれば、次の一打になる。

プロ3年目の90年4月7日、ナゴヤ球場でのシーズン開幕戦。その第1打席に、横浜大洋の中山裕章《ひろあき》投手から打ったセンターオーバーの本塁打。

わずか30試合しか一軍出場がなかったプロ2年目の悔しさをバネに、「もう二度と二軍に戻ってたまるか」との決意で臨んだ開幕戦。野球人生をかける気持ちでトレーニングに取り組んだことが、初打席ホームランという最高の形となってあらわれた。ダイヤモンドを回りながら、目に涙がにじんだことは忘れられない。

このシーズン、私は打率3割3厘で初の大台クリア。まだまだ小さなものながら、「これでやっていける」という自信を手にした。無我夢中の1年目から、故障に泣いた2年目を経て、やっとプロ野球選手として地に足が着いた3年目。そのきっかけとなった開幕戦アーチこそ、私にとってナンバーワンのメモリアルヒットなのだ。

クリーンヒットで達成した節目《ふしめ》の2000安打。その後、2480本までヒット数を伸ばしていった。

持って生まれたものが、打たせてくれた

05年5月19日、札幌ドームでの北海道日本ハム戦、その3回表。私は金村曉《さとる》投手（旧登録名：秀雄、曉《さとる》／元阪神など）から三塁線を破る二塁打を打った。これが通算450本目の二塁打。私はそれまでトップだった元阪急の福本豊さんを抜いて、歴代1位に躍り出た。その後、現役引退までに数字を伸ばし、最終的には487二塁打。光栄なことに、二塁打の日本プロ野球記録保持者という勲章を、18年の今なお預からせていただいている。

「二塁打を打つコツはありますか？」

これもよく聞かれることだが、残念ながらコツはない。そして、私自身、二塁打を狙《ねら》って打ったことはない。あくまでも自分のバッティングを貫いた結果、二塁打を積み重ねることができたというのが正直なところ。ただ、バッティングの状態がいいとき、外寄りのボールをとらえると、打球が左中間、あるいは右中間を抜けていく、という現象がよく起きた。つまり左中間、あるいは右中間突破の二塁打が好調のバロメーターになっていたのだ。

バッティングの状態が良くないときは、外寄りのボールに対してバットを出すタイミングが遅れてファウルになったり、もしくはタイミングが早すぎて一、二塁間に引っかけて

しまったり。そもそも私は、いわゆる流し打ちが得意ではなかったので、外寄りのボールを三遊間に狙いすまして、という打球は少なかったはず。レフト方向へのシングルヒットも、バットの面で打ちにいった結果、もたらされた偶然の産物という認識だった。一見、器用そうに見えるかもしれないが、それほど器用なタイプではないのだ。

ところがそんな私でも、状態がいいときはしっかり体の前面に壁ができているので、ステップしたあとに体が前方に流れることなくピタッと止まり、バットのヘッドを走らせた理想のスイングが可能になる。そのうえで、ヘッドが適度に立った状態で外寄りのボールをとらえることができたなら、左中間や右中間へ強いライナー性の打球が飛ばすことができた。

487本の二塁打のうち、このメカニズムで打った理想的な二塁打が何本あるのか、それは定かではないが、プロ野球記録更新に至った1つの要因と言えるのかもしれない。

春季キャンプなどで私は、しっかり壁を作って外寄りのボールを引っ張る練習をよくやったものだが、高いレベルでの野球を志している人には必要な練習だと思う。外寄りの速いストレートを力強く引っ張れるバッターというのはそうそういないので、逆にこの技術を習得できれば、大きなアドバンテージになる。そして、ここに天性の長打力という条件が加われば、やがて外寄りのボールを外野フェンスの向こう側まで飛ばせるようになるはずだ。

残念ながら、私にはそこまでの長打力がなかった。したがって、理想的なスイングで外寄りのボールをとらえても、なかなか左中間や右中間のスタンドに飛び込む打球とはならない。

しかし、その左中間や右中間は突破する。そう考えると、ホームランバッターと呼べるほどの長打力を兼ね備えなかったことが、実は二塁打の量産につながったのでは、と思っている。

「立浪和義に2480本のヒットを打たせた要素がいくつか存在するとして、それぞれの割合をパーセントであらわすと、どうなりますか？」

このような質問を受けたら、私は次のように答える。

「100のうち、80パーセントは持って生まれたもの。残りの20パーセントが気合いです」

持って生まれたものと書くと、偉そうに聞こえるかもしれない。「結局は、生まれながらのセンスなのか」という声も上がるだろうが、私はそこを否定しようとも思わない。なぜなら、両親から授かった運動能力や野球センスがなければ、そもそもプロ野球選手になっていないからだ。22年間、現役を続けることができたのも、大前提として母親が丈夫な体に産んでくれたからこそである。

ちなみに、野球センスには、先天的なものと後天的なものがあると感じている。持って生まれたものと、野球人生を送る中で身につけたもの。プロのトップレベルで活躍できる選手になるには、野球センスが先天的にあるに越したことはないが、これは後天的にも十分に得ることができる。このあたりの考え方については、前著『野球センスの極意』で詳しく紹介しているので、ぜひご覧になっていただきたい。

ただ、改めて言うまでもないが、私の体格はプロ野球選手の中でも小さいほう。決して恵まれているとは言えない。しかし、これもまた自分にとっては持って生まれたもの。173センチ、70キロ。脚力はそこそこ。圧倒的な長打力はない。そんな自分だからこそ、プロ入り後は高校時代までの引っ張りバッティングに見切りをつけた。どうすればシンプルにバットに力を伝えられるかを考え、面で打つバッティングにたどり着けた。そして、2480本のヒットを打てた。すべては持って生まれたものからスタートしている、というのが私の考えだ。

もし、私がずば抜けた脚力を持ち、盗塁をセールスポイントにするような選手だったら、それこそ足を負傷する危険度も高かっただろうし、脚力が衰えた時点でプロ生活が終わっていたかもしれない。そう思えば、そこそこの脚力で良かったような気がする。

要するに考え方1つで、自分自身の持って生まれたものが素晴らしく感じられるのではないだろうか。体が小さいからといって、卑屈《ひくつ》になる必要はどこにもない。

大事なポイントは、持って生まれたものが最大限バッティングに反映できるよう、自分で考えていくこと。そして、失敗を恐れずにトライしていく。体の大きな選手に対しても、負けるもんかと挑んでいく。これが残り20パーセントの気合いだ。

先ほどの質問に対する回答として、私は「努力」の2文字を使うつもりはない。なぜなら、努力は当たり前の行為だからだ。

とくにプロ野球は、結果がすべての世界。どんなに陰で努力していても、成績が悪ければ、「努力が足りないんじゃないか。もっと必死にやれよ」と厳しい言葉を投げかけられる。好結果を出すことで初めて努力は、「よく頑張ったな」と人々から共感を得られるものなのだ。

「これだけ努力したんだから、それでもダメならしょうがない」

様々な場面で耳にするフレーズだが、私にしてみれば、日本人特有の逃げ道作りにしか聞こえない。誰ひとり、自分自身の納得のためや、周囲からなぐさめの言葉をもらうために、コツコツやってきたわけではないはずだ。

1本のヒットを打つことによってのみ、日々の積み重ねは輝きを放つのだと思う。

キャッチボールがバッティングの第一歩

さて、いよいよこの本もゴール目前、9回裏の攻撃を迎えた。私のバッティング理論を文字にしてうまく伝えられたか、若干《じゃっかん》不安もあるが、ひとまずボールはすべて投げきった。ここから先は、取捨選択を含めて、読者の方それぞれが自分で考える番だ。

何度も触れてきたが、野球はミスの出るスポーツ。10回のうち7回凡打しても、残り3

回ヒットを打てば、好打者と認識される、それがバッティングだ。だからといって、そのレベルに満足してしまったら、進歩はない。どうすれば、ヒットを打つ確率が少しでも上がるのか。私も現役をやめるまで、ずっと考え続けた。

その過程で、バッティングをつかんだと思った時期もあった。しかし、バッティングは相手ピッチャーとの戦いだ。マウンドから向かってくるのは、「どうにかして、崩してやる」というピッチャーの強い意志がこもったボール。マシンから一定のリズムで飛んでくる意志のないボールを打つのとは、わけが違う。

自分がどんなに調子が良くても、いいコースに強い意志がこもったボールを投げられたら、そうは打てない。ここがバッティングの難しさだ。

プロ野球の一軍のバッターが年間500打席、四死球がいっさいないとして打率3割に到達するには、150本のヒットが必要。これが125本だと、打率は2割5分にしかならない。つまり、打率3割の選手と打率2割5分の選手の差は、ヒット数にして年間25本。プロ野球はだいたい26週かけて全日程を消化することを考えると、1週間にヒット1本上乗せできるかできないかによって、好打者とそうでないバッターの運命が決まってしまう。

本当に、紙一重の世界だと思う。しかし、この紙一重の壁がなかなか破れず、プロの選手でさえ、もがき苦しんでいる。

みなさんもなかなか結果が出ないことに嫌気《いやけ》がさし、もう野球をやめちゃおうかな、と思ったことがあるかもしれない。でも、たとえ今日は打てなくても、もしかしたら明日は打てるようになるかもしれない。明日がダメでも、あさってには打てるかもしれない。失敗しても失敗しても、どこかで必ず成果が出ると信じてやり続ける。こういう心構えで物事に取り組んでこそ、野球選手として大成する道も開けるというのが私の考えだ。

そこには、古臭い言葉かもしれないが、根性や忍耐も必要になる。そして、根性や忍耐は、子どものころから、ある程度厳しい環境下で野球をやることによって、鍛えられるものだ。つまり、厳しい野球にもまれる経験が、ここ一番の場面でプレッシャーを跳ね返す原動力になると思うし、壁にぶち当たったときに乗り越えるパワーにもなるのではないか。

現代の子どもたちを、私がかつて体験したような厳しい環境下に放り込めとは言わないが、普段の礼儀作法を筆頭に、当たり前のことが当たり前にできるよう、野球を通じてしつけることも、指導者には求められているのではないだろうか。

どんなに優れた技術を持っていても、絶対にやり抜いてやるという気持ちが薄い選手は、上のレベルになればなるほど通用しなくなる。

逆に野球を通じて、成果が出るまでやり続けることの大切さを学んだ子どもは、やがて将来、野球以外の道に進んだとしても、きっとどこかの場面で「あの遠い日」の心構えが実を結ぶはず。そう信じて、日々の練習に取り組んでいってほしい。

失敗の回数が多ければ多いほど、成しとげたときの喜びは大きいのだから。

最後に、私が必ず野球教室でお話しすることに触れておこう。

それは、キャッチボールの重要性だ。バッティング本の締めくくりとしては意外な感じもするだろうが、ボールをしっかり投げられないと、レギュラーへの道は険しくなる。レギュラーになれなければ、大好きなバッティング機会も少なくなる。

プロ野球でも、多くの選手はまず守備力を買われて、一軍の試合に起用されるようになる。したがって、子どもたちには、まずキャッチボールをしっかりやってほしい。それが、バッティング技術上達の第一歩でもあると言えよう。

この本を読んでくれた子どもたちがなにかを感じて、自分なりのバッティングを追求するきっかけになってくれれば、私としては本望だ。

もしかしたら、その子どもたちの中の誰かが、何年かのちにプロ野球の世界に入ってきて、再びユニフォームを着た私とグラウンドで対面することになるかもしれない。そんな未来の光景を、ワクワクしながら思い描いている。

おわりに

荒木雅博選手（中日）、青木宣親選手（東京ヤクルト）、阿部慎之助選手（巨人）、鳥谷《とりたに》敬《たかし》選手（阪神）、内川聖一選手（福岡ソフトバンク）、彼ら5人に共通するキーワードはなにかわかるだろうか？

２０１７年からの2年間で（本書刊行時までに）、「名球会」入りの資格となる２０００安打を達成した選手たちだ。年間で１５０本のヒットを放ったとしても14年はかかる偉大な記録。私が２０００本目のヒットを放ったのは、03年7月5日の巨人戦で、高卒で入団して15年目のシーズンだった。00年4月13日に１５００安打を記録してから、「２０００」という数字を1つの目標に掲《かか》げて、日々取り組んでいた。プロの一線で長く活躍してきた証《あかし》であり、勲章だと思っている。

最近は科学的なトレーニングが発達し、選手寿命が延びたと言われているが、それでもずっと数字を残し続けていくのが難しいことに変わりはない。

なにをやるにしても、「続ける」というのは、センスや才能だけではできないことだ。ヒットを打つのは難しいことだが、自分の打撃レベルを上げてヒットを打ち続けるのはもっと難しいことである。バットを振るにしても、たまに振るのと、毎日振り続けるのでは意味合いが違う。「もっとうまくなりたい！」「あいつには負けたくない！」という意欲や意志がなければ、振り続けることはできないだろう。

第5章でも触れたとおり、一度やると決めたら妥協《だきょう》せずに続けていくことが、うまくなるための絶対条件と言える。毎日コツコツと少ない回数でもいいので、やり続けること。そうした努力が、自分の野球人生を切り拓《ひら》いていく礎《いしずえ》となるはずだ。「三日坊主」では目標を成しとげることはできない。

そして、努力を続けることによって、自分のバッティングを信じて打席に入ることができる。迷い、不安、邪念をいかに断ちきるか。試合で結果を残すには、メンタル面に左右される割合が大きいことも、最後に伝えておきたい。そういった意味では、「心技体」のすべてが整っていてこそ、長く活躍し、進化し続けることができる。

最後になるが、本書の制作にあたり、多くの方々にご協力をいただいた。対談に協力してくれた坂本勇人選手と読売巨人軍の方々、廣済堂出版と関係スタッフの方々、そしてここまでお付き合いいただいた読者のみなさまに感謝を申し上げたい。ありがとうございました。また、近いうちに、この「極意」シリーズでお会いしましょう！

２０１８年8月

立浪和義

巻末付録 日本プロ野球 打撃各部門 歴代通算記録ランキング

順位	二塁打	本数
1	立浪和義(中日)	487
2	福本　豊(阪急)	449
3	山内一弘(毎日・毎日大映→阪神→広島)	448
4	金本知憲(広島→阪神)	440
5	稲葉篤紀(ヤクルト→日本ハム)	429
6	王　貞治(巨人)	422
7	張本　勲(東映・日拓・日本ハム→巨人→ロッテ)	420
8	長嶋茂雄(巨人)	418
9	*松井稼頭央(西武→米国→楽天→西武)	410
10	榎本喜八(毎日・毎日大映・東京・ロッテ→西鉄)	409
11	川上哲治(巨人)	408
12	松原　誠(大洋→巨人)	405
13	野村克也(南海→ロッテ→西武)	397
14	広瀬叔功(南海)	394
14	田中幸雄(日本ハム)	394
16	谷繁元信(大洋・横浜→中日)	393
17	小笠原道大(日本ハム→巨人→中日)	385
18	*福浦和也(ロッテ)	384
18	*新井貴浩(広島→阪神→広島)	384
20	門田博光(南海→オリックス→ダイエー)	383
21	小久保裕紀(ダイエー→巨人→ソフトバンク)	381
22	秋山幸二(西武→ダイエー)	377
23	和田一浩(西武→中日)	375
24	衣笠祥雄(広島)	373
24	石井琢朗(大洋・横浜→広島)	373
26	山本浩二(広島)	372
27	山崎裕之(東京・ロッテ→西武)	371
27	落合博満(ロッテ→中日→巨人→日本ハム)	371
29	古田敦也(ヤクルト)	368
30	加藤英司(阪急→広島→近鉄→巨人→南海)	367
30	井口資仁(ダイエー→米国→ロッテ)	367
32	中村紀洋(近鉄→米国→オリックス→中日→楽天→横浜・DeNA)	363
33	小玉明利(近鉄→阪神)	358
34	駒田徳広(巨人→横浜)	357
35	藤田　平(阪神)	355
35	若松　勉(ヤクルト)	355
35	山﨑武司(中日→オリックス→楽天→中日)	355
35	谷　佳知(オリックス→巨人→オリックス)	355
39	前田智徳(広島)	353
40	*福留孝介(中日→米国→阪神)	352
41	堀　幸一(ロッテ)	351
42	村田修一(横浜→巨人)	349
43	谷沢健一(中日)	348
44	高木守道(中日)	346
45	清原和博(西武→巨人→オリックス)	345
46	松永浩美(阪急・オリックス→阪神→ダイエー)	341
46	*阿部慎之助(巨人)	341
48	飯田徳治(グレートリング・南海→国鉄)	340
49	藤村富美男(阪神)	339
50	新井宏昌(南海→近鉄)	338

順位	安打	本数
1	張本　勲(東映・日拓・日本ハム→巨人→ロッテ)	3085
2	野村克也(南海→ロッテ→西武)	2901
3	王　貞治(巨人)	2786
4	門田博光(南海→オリックス→ダイエー)	2566
5	衣笠祥雄(広島)	2543
5	福本　豊(阪急)	2543
7	金本知憲(広島→阪神)	2539
8	立浪和義(中日)	2480
9	長嶋茂雄(巨人)	2471
10	土井正博(近鉄→太平洋・クラウン・西武)	2452
11	石井琢朗(大洋・横浜→広島)	2432
12	落合博満(ロッテ→中日→巨人→日本ハム)	2371
13	川上哲治(巨人)	2351
14	山本浩二(広島)	2339
15	榎本喜八(毎日・毎日大映・東京・ロッテ→西鉄)	2314
16	高木守道(中日)	2274
17	山内一弘(毎日・毎日大映→阪神→広島)	2271
18	大杉勝男(東映・日拓・日本ハム→ヤクルト)	2228
19	大島康徳(中日→日本ハム)	2204
20	*新井貴浩(広島→阪神→広島)	2178
21	若松　勉(ヤクルト)	2173
22	稲葉篤紀(ヤクルト→日本ハム)	2167
23	広瀬叔功(南海)	2157
23	秋山幸二(西武→ダイエー)	2157
25	宮本慎也(ヤクルト)	2133
26	清原和博(西武→巨人→オリックス)	2122
27	小笠原道大(日本ハム→巨人→中日)	2120
28	前田智徳(広島)	2119
29	谷繁元信(大洋・横浜→中日)	2108
30	中村紀洋(近鉄→米国→オリックス→中日→楽天→横浜・DeNA)	2101
31	古田敦也(ヤクルト)	2097
32	松原　誠(大洋→巨人)	2095
33	*松井稼頭央(西武→米国→楽天→西武)	2084
34	山崎裕之(東京・ロッテ→西武)	2081
35	藤田　平(阪神)	2064
36	谷沢健一(中日)	2062
37	江藤慎一(中日→ロッテ→大洋→太平洋→ロッテ)	2057
37	有藤道世(ロッテ)	2057
39	加藤英司(阪急→広島→近鉄→巨人→南海)	2055
40	和田一浩(西武→中日)	2050
41	小久保裕紀(ダイエー→巨人→ソフトバンク)	2041
42	新井宏昌(南海→近鉄)	2038
43	*阿部慎之助(巨人)	2036
44	*荒木雅博(中日)	2023
45	野村謙二郎(広島)	2020
46	柴田　勲(巨人)	2018
47	ラミレス(ヤクルト→巨人→DeNA)	2017
48	*鳥谷 敬　(阪神)	2015
49	田中幸雄(日本ハム)	2012
50	駒田徳広(巨人→横浜)	2006

2017年シーズン終了現在、*＝NPB(日本野球機構)現役選手

順位	本塁打	本数
1	王　貞治(巨人)	868
2	野村克也(南海→ロッテ→西武)	657
3	門田博光(南海→オリックス→ダイエー)	567
4	山本浩二(広島)	536
5	清原和博(西武→巨人→オリックス)	525
6	落合博満(ロッテ→中日→巨人→日本ハム)	510
7	張本　勲(東映・日拓・日本ハム→巨人→ロッテ)	504
7	衣笠祥雄(広島)	504
9	大杉勝男(東映・日拓・日本ハム→ヤクルト)	486
10	金本知憲(広島→阪神)	476
11	田淵幸一(阪神→西武)	474
12	土井正博(近鉄→太平洋・クラウン・西武)	465
13	ロ ー ズ(近鉄→巨人→オリックス)	464
14	長嶋茂雄(巨人)	444
15	秋山幸二(西武→ダイエー)	437
16	小久保裕紀(ダイエー→巨人→ソフトバンク)	413
17	中村紀洋(近鉄→米国→オリックス→中日→楽天→横浜・DeNA)	404
18	山﨑武司(中日→オリックス→楽天→中日)	403
19	山内一弘(毎日・毎日大映→阪神→広島)	396
20	*阿部慎之助(巨人)	388
21	大島康徳(中日→日本ハム)	382
21	原　辰徳(巨人)	382
22	ラミレス(ヤクルト→巨人→DeNA)	380
24	小笠原道大(日本ハム→巨人→中日)	378
25	江藤慎一(中日→ロッテ→大洋→太平洋→ロッテ)	367
26	江藤　智(広島→巨人→西武)	364
27	村田修一(横浜→巨人)	360
28	カブレラ(西武→オリックス→ソフトバンク)	357
28	*中村剛也(西武)	357
30	松中信彦(ダイエー・ソフトバンク)	352
31	掛布雅之(阪神)	349
32	有藤道世(ロッテ)	348
33	加藤英司(阪急→広島→近鉄→巨人→南海)	347
34	長池徳士(阪急)	338
34	宇野　勝(中日→ロッテ)	338
36	松井秀喜(巨人→米国)	332
37	松原　誠(大洋→巨人)	331
38	高橋由伸(巨人)	321
39	和田一浩(西武→中日)	319
40	*新井貴浩(広島→阪神→広島)	315
41	広澤克実(ヤクルト→巨人→阪神)	306
42	池山隆寛(ヤクルト)	304
43	前田智徳(広島)	295
44	真弓明信(太平洋・クラウン→阪神)	292
45	田中幸雄(日本ハム)	287
46	木俣達彦(中日)	285
47	リ ー (ロッテ)	283
48	藤井康雄(阪急・オリックス)	282
49	田代富雄(大洋)	278
50	ブーマー(阪急・オリックス→ダイエー)	277
50	大豊泰昭(中日→阪神→中日)	277

順位	三塁打	本数
1	福本　豊(阪急)	115
2	毒島章一(東映)	106
3	金田正泰(阪神)	103
4	川上哲治(巨人)	99
5	広瀬叔功(南海)	88
6	呉　昌征(巨人→阪神→毎日)	81
6	中　暁生(中日)	81
8	長嶋茂雄(巨人)	74
9	張本　勲(東映・日拓・日本ハム→巨人→ロッテ)	72
10	吉田義男(阪神)	70
11	飯田徳治(南海→国鉄)	67
12	大下　弘(セネタース・東急・急映・東急→大洋→西鉄)	66
12	蔭山和夫(南海)	66
12	村松有人(ダイエー→オリックス→ソフトバンク)	66
15	新井宏昌(南海→近鉄)	65
15	*松井稼頭央(西武→米国→楽天→西武)	65
15	川﨑宗則(ダイエー・ソフトバンク→米国→ソフトバンク)	65
18	藤村富美男(阪神)	63
18	大石大二郎(近鉄)	63
18	小坂　誠(ロッテ→巨人→楽天)	63
21	小鶴　誠(名古屋→急映→大映→松竹→広島)	62
21	柴田　勲(巨人)	62
23	白石勝巳(巨人→パシフィック→巨人→広島)	58
23	坪内道典(大東京・ライオン・朝日→ゴールドスター・金星→中日)	58
23	川合幸三(阪急)	58
26	髙橋慶彦(広島→ロッテ→阪神)	57
27	古川清蔵(名古屋・中部日本→阪急)	55
27	田宮謙次郎(大阪→毎日大映)	55
27	高木守道(中日)	55
27	松永浩美(阪急・オリックス→阪神→ダイエー)	55
27	*松田宣浩(ソフトバンク)	55
32	堀井数男(南海・近畿日本・グレートリング・南海)	54
32	山内一弘(毎日・毎日大映→阪神→広島)	54
34	木塚忠助(南海→近鉄)	53
35	藤井 勇(大阪・阪神→パシフィック・太陽・大陽→大洋・大洋松竹・洋松・大洋)	52
35	千葉　茂(巨人)	52
35	土井垣武(大阪・阪神→毎日→東映→阪急)	52
35	バルボン(阪急→近鉄)	52
39	戸倉勝城(毎日→阪急)	51
39	山崎裕之(東京・ロッテ→西武)	51
41	藤田　平(阪神)	50
41	石井琢朗(大洋・横浜→広島)	50
43	坂本文次郎(大映→大毎)	49
43	島田　誠(日本ハム→ダイエー)	49
43	稲葉篤紀(ヤクルト→日本ハム)	49
43	*坂口智隆(近鉄・オリックス→ヤクルト)	49
47	安居玉一(阪神・大阪→大洋→国鉄→近鉄→大映)	48
47	*鳥谷　敬(阪神)	48
49	平井三郎(阪急→西日本→巨人)	47
49	関口清治(巨人→西日本→西鉄→阪急)	47
49	玉造陽二(西鉄)	47
49	豊田泰光(西鉄→国鉄・サンケイ・アトムズ)	47
49	榎本喜八(毎日・毎日大映・東京・ロッテ→西鉄)	47
49	野村謙二郎(広島)	47
49	*福留孝介(中日→米国→阪神)	47
49	*西岡　剛(ロッテ→米国→阪神)	47

順位	打点	打点数
1	王　貞治(巨人)	2170
2	野村克也(南海→ロッテ→西武)	1988
3	門田博光(南海→オリックス→ダイエー)	1678
4	張本　勲(東映・日拓・日本ハム→巨人→ロッテ)	1676
5	落合博満(ロッテ→中日→巨人→日本ハム)	1564
6	清原和博(西武→巨人→オリックス)	1530
7	長嶋茂雄(巨人)	1522
8	金本知憲(広島→阪神)	1521
9	大杉勝男(東映・日拓・日本ハム→ヤクルト)	1507
10	山本浩二(広島)	1475
11	衣笠祥雄(広島)	1448
12	土井正博(近鉄→太平洋・クラウン・西武)	1400
13	中村紀洋(近鉄→米国→オリックス→中日→楽天→横浜・DeNA)	1348
14	川上哲治(巨人)	1319
15	秋山幸二(西武→ダイエー)	1312
16	小久保裕紀(ダイエー→巨人→ソフトバンク)	1304
17	山内一弘(毎日・毎日大映→阪神→広島)	1286
18	*新井貴浩(広島→阪神→広島)	1279
19	ラミレス(ヤクルト→巨人→DeNA)	1272
20	ロ　ー　ズ(近鉄→巨人→オリックス)	1269
21	加藤英司(阪急→広島→近鉄→巨人→南海)	1268
22	大島康徳(中日→日本ハム)	1234
23	*阿部慎之助(巨人)	1212
24	山﨑武司(中日→オリックス→楽天→中日)	1205
25	江藤慎一(中日→ロッテ→大洋→太平洋→ロッテ)	1189
26	松原　誠(大洋→巨人)	1180
27	小笠原道大(日本ハム→巨人→中日)	1169
28	松中信彦(ダイエー・ソフトバンク)	1168
29	田淵幸一(阪神→西武)	1135
30	藤村富美男(阪神)	1126
31	村田修一(横浜→巨人)	1123
32	前田智徳(広島)	1112
33	原　辰徳(巨人)	1093
34	和田一浩(西武→中日)	1081
35	有藤道世(ロッテ)	1061
36	稲葉篤紀(ヤクルト→日本ハム)	1050
37	谷繁元信(大洋・横浜→中日)	1040
38	立浪和義(中日)	1037
39	青田　昇(巨人→阪急→巨人→大洋松竹・洋松・大洋→阪急)	1034
40	田中幸雄(日本ハム)	1026
41	江藤　智(広島→巨人→西武)	1020
42	掛布雅之(阪神)	1019
43	井口資仁(ダイエー→米国→ロッテ)	1017
44	古田敦也(ヤクルト)	1009
45	高橋由伸(巨人)	986
46	山崎裕之(東京・ロッテ→西武)	985
46	広澤克実(ヤクルト→巨人→阪神)	985
48	榎本喜八(毎日・毎日大映・東京・ロッテ→西鉄)	979
49	飯田徳治(グレートリング・南海→国鉄)	969
49	長池徳士(阪急)	969
49	谷沢健一(中日)	969
49	*中村剛也(西武)	969

順位	塁打・単打×1+二塁打×2+三塁打×3+本塁打×4	塁打数
1	王　貞治(巨人)	5862
2	野村克也(南海→ロッテ→西武)	5315
3	張本　勲(東映・日拓・日本ハム→巨人→ロッテ)	5161
4	門田博光(南海→オリックス→ダイエー)	4688
5	金本知憲(広島→阪神)	4481
6	衣笠祥雄(広島)	4474
7	長嶋茂雄(巨人)	4369
8	山本浩二(広島)	4361
9	落合博満(ロッテ→中日→巨人→日本ハム)	4302
10	土井正博(近鉄→太平洋・クラウン・西武)	4178
11	清原和博(西武→巨人→オリックス)	4066
12	大杉勝男(東映・日拓・日本ハム→ヤクルト)	4030
13	山内一弘(毎日・毎日大映→阪神→広島)	4015
14	秋山幸二(西武→ダイエー)	3927
15	福本　豊(阪急)	3846
16	大島康徳(中日→日本ハム)	3716
17	小久保裕紀(ダイエー→巨人→ソフトバンク)	3709
18	中村紀洋(近鉄→米国→オリックス→中日→楽天→横浜・DeNA)	3702
19	小笠原道大　(日本ハム→巨人→中日)	3687
20	*阿部慎之助(巨人)	3559
21	立浪和義(中日)	3556
22	榎本喜八(毎日・毎日大映・東京・ロッテ→西鉄)	3555
23	*新井貴浩(広島→阪神→広島)	3549
24	加藤英司(阪急→広島→近鉄→巨人→南海)	3537
25	松原　誠(大洋→巨人)	3523
26	有藤道世(ロッテ)	3521
27	ロ　ー　ズ(近鉄→巨人→オリックス)	3509
27	ラミレス(ヤクルト→巨人→DeNA)	3509
29	川上哲治(巨人)	3500
30	稲葉篤紀(ヤクルト→日本ハム)	3477
31	江藤慎一(中日→ロッテ→大洋→太平洋→ロッテ)	3462
32	和田一浩(西武→中日)	3456
33	高木守道(中日)	3438
34	山﨑武司(中日→オリックス→楽天→中日)	3426
35	前田智徳(広島)	3391
36	山崎裕之(東京・ロッテ→西武)	3364
37	田中幸雄(日本ハム)	3333
38	村田修一(横浜→巨人)	3314
39	谷沢健一(中日)	3279
40	若松　勉(ヤクルト)	3274
41	谷繁元信(大洋・横浜→中日)	3228
42	*松井稼頭央(西武→米国→楽天→西武)	3227
43	石井琢朗(大洋・横浜→広島)	3211
44	松中信彦(ダイエー・ソフトバンク)	3183
45	古田敦也(ヤクルト)	3154
46	田淵幸一(阪神→西武)	3145
47	原　辰徳(巨人)	3144
48	藤田　平(阪神)	3140
49	広瀬叔功(南海)	3120
50	真弓明信(太平洋・クラウン→阪神)	3090

2017年シーズン終了現在、*=NPB(日本野球機構)現役選手

順位	犠飛	率
1	野村克也(南海→ロッテ→西武)	113
2	加藤英司(阪急→広島→近鉄→巨人→南海)	105
3	王　貞治(巨人)	100
4	門田博光(南海→オリックス→ダイエー)	95
5	長嶋茂雄(巨人)	90
5	張本　勲(東映・日拓→日本ハム→巨人→ロッテ)	90
7	山内一弘(毎日→毎日・大映→阪神→広島)	88
7	落合博満(ロッテ→中日→巨人→日本ハム)	88
9	大杉勝男(東映・日拓・日本ハム→ヤクルト)	86
10	山本浩二(広島)	79
11	土井正博(近鉄→太平洋・クラウン・西武)	78
12	*新井貴浩(広島→阪神→広島)	77
13	*福浦和也(ロッテ)	76
14	大島康徳(中日→日本ハム)	74
15	金本知憲(広島→阪神)	72
16	松原　誠(大洋→巨人)	70
16	原　辰徳(巨人)	70
18	立浪和義(中日)	69
19	長池徳士(阪急)	68
20	榎本喜八(毎日・大映・東京・ロッテ→西鉄)	67
20	江藤慎一(中日→ロッテ→大洋→太平洋→ロッテ)	67
20	新井宏昌(南海→近鉄)	67
23	清原和博(西武→巨人→オリックス)	66
23	*阿部慎之助(巨人)	66
25	松中信彦(ダイエー・ソフトバンク)	64
26	小久保裕紀(ダイエー→巨人→ソフトバンク)	63
26	和田一浩(西武→中日)	63
28	羽田耕一(近鉄)	62
28	谷繁元信(大洋・横浜→中日)	62
28	*内川聖一(横浜→ソフトバンク)	62
28	村田修一(横浜→巨人)	62
32	秋山幸二(西武→ダイエー)	61
32	ラミレス(ヤクルト→巨人→DeNA)	61
34	伊東　勤(西武)	60
34	古田敦也(ヤクルト)	60
34	*中島宏之(西武→米国→オリックス)	60
37	山崎裕之(東京・ロッテ→西武)	59
37	田中幸雄(日本ハム)	59
37	初芝　清(ロッテ)	59
40	堀　幸一(ロッテ)	58
40	前田智徳(広島)	58
40	サブロー(ロッテ→巨人→ロッテ)	58
40	井口資仁(ダイエー→米国→ロッテ)	58
44	山﨑武司(中日→オリックス→楽天→中日)	57
45	若松　勉(ヤクルト)	56
45	岡田彰布(阪神)	56
45	*今江年晶(ロッテ→楽天)	56
48	藤井栄治(阪神→太平洋→阪急)	54
48	小川博文(オリックス→横浜)	54
50	葛城隆雄(毎日・大毎→中日→阪神)	53
50	広瀬叔功(南海)	53
50	高木守道(中日)	53
50	佐野仙好(阪神)	53
50	藤井康雄(阪急・オリックス)	53
50	中村紀洋(近鉄→米国→オリックス→中日→楽天→横浜・DeNA)	53
50	*松井稼頭央(西武→米国→楽天→西武)	53
50	小笠原道大(日本ハム→巨人→中日)	53
50	森野将彦(中日)	53

順位	打率(4000打数以上)	率
1	リ　ー(ロッテ)	.320
2	若松　勉(ヤクルト)	.31918
3	張本　勲(東映・日拓→日本ハム→巨人→ロッテ)	.31915
4	ブーマー(阪急→オリックス→ダイエー)	.317
5	川上哲治(巨人)	.313
6	与那嶺要(巨人→中日)	.3110
7	落合博満(ロッテ→中日→巨人→日本ハム)	.3108
8	小笠原道大(日本ハム→巨人→中日)	.3104
9	*内川聖一(横浜→ソフトバンク)	.309
10	レオン(ロッテ→大洋→ヤクルト)	.307
11	中西　太(西鉄)	.306
12	長嶋茂雄(巨人)	.305
13	篠塚和典(巨人)	.3043
14	松井秀喜(巨人→米国)	.3040
15	鈴木尚典(横浜)	.3034
16	カブレラ(西武→オリックス→ソフトバンク)	.3033
17	大下　弘(セネタース・東急・急映・東急→大洋)	.3030
18	和田一浩(西武→中日)	.3029
19	谷沢健一(中日)	.3024
20	前田智徳(広島)	.3023
21	王　貞治(巨人)	.301
22	ラミレス(ヤクルト→巨人→DeNA)	.3006
23	*糸井嘉男(日本ハム→オリックス→阪神)	.3002
24	藤村富美男(阪神)	.299
25	榎本喜八(毎日・大映・東京・ロッテ→西鉄)	.298
26	加藤英司(阪急→広島→近鉄→巨人→南海)	.2972
27	谷　佳知(オリックス→巨人→オリックス)	.2969
28	田宮謙次郎(大阪→毎日大映)	.2968
29	高木　豊(大洋・横浜→日本ハム)	.2967
30	松中信彦(ダイエー・ソフトバンク)	.2962
31	*中島宏之(西武→米国→オリックス)	.2959
32	城島健司(ダイエー・ソフトバンク→米国→阪神)	.2956
33	山内一弘(毎日→毎日・大映→阪神→広島)	.2948
34	赤星憲広(阪神)	.2946
35	古田敦也(ヤクルト)	.2936
36	*福留孝介(中日→米国→阪神)	.2935
37	松永浩美(阪急・オリックス→阪神→ダイエー)	.2933
38	川﨑宗則(ダイエー・ソフトバンク→米国→ソフトバンク)	.292
39	掛布雅之(阪神)	.2919
40	*松井稼頭央(西武→米国→楽天→西武)	.2914
41	和田　豊(阪神)	.2911
58	高橋由伸(巨人)	.2908
43	福本　豊(阪急)	.2907
44	新井宏昌(南海→近鉄)	.2906
45	山本浩二(広島)	.2904
46	中畑　清(巨人)	.29026
47	岩村明憲(ヤクルト→米国→楽天→ヤクルト)	.29024
48	門田博光(南海→オリックス→ダイエー)	.2893
49	*西岡　剛(ロッテ→米国→阪神)	.2892
50	駒田徳広(巨人→横浜)	.2890

巻末付録

立浪和義 年度別成績&主要記録

年度別打撃成績

年度	球団	試合	打席	打数	得点	安打	二塁打	三塁打	本塁打	打点	盗塁	盗塁刺	犠飛	四球	死球	三振	打率
1988	中日	110	403	336	61	75	15	1	4	18	22	7	0	42	4	53	.223
1989	中日	30	100	85	10	20	6	1	2	8	3	6	0	10	0	10	.235
1990	中日	128	**591**	511	73	155	33	6	11	45	18	9	1	60	5	61	.303
1991	中日	131	**605**	520	**87**	151	35	2	10	45	10	8	2	74	1	69	.290
1992	中日	98	438	379	52	114	16	4	5	42	8	4	4	51	2	52	.301
1993	中日	128	577	500	73	143	18	3	16	50	6	8	1	70	3	51	.286
1994	中日	129	581	489	**90**	134	27	1	10	53	12	2	5	83	2	50	.274
1995	中日	126	557	489	72	147	25	1	11	53	10	**11**	3	59	4	46	.301
1996	中日	**130**	587	511	91	165	39	2	10	62	2	5	2	69	2	57	.323
1997	中日	133	579	495	77	133	24	3	14	55	8	5	1	77	5	42	.269
1998	中日	134	589	504	60	137	24	1	8	43	6	6	4	74	4	60	.272
1999	中日	123	477	417	54	111	32	1	4	53	3	2	4	51	1	44	.266
2000	中日	126	503	436	58	132	30	3	9	58	5	0	2	46	3	43	.303
2001	中日	139	576	507	52	148	30	2	9	65	6	1	6	54	2	54	.292
2002	中日	137	562	506	62	153	34	2	16	92	4	9	4	45	6	55	.302
2003	中日	135	569	500	52	140	28	2	13	80	2	4	**10**	52	7	72	.280
2004	中日	134	580	523	68	161	25	0	5	70	5	3	6	45	5	52	.308
2005	中日	138	580	501	57	127	25	1	9	56	2	0	6	68	5	76	.253
2006	中日	113	284	259	17	68	10	1	1	31	3	1	3	17	2	28	.263
2007	中日	101	129	109	4	30	2	1	2	31	0	0	3	16	1	14	.275
2008	中日	86	86	73	2	15	4	0	1	10	0	0	1	11	1	11	.205
2009	中日	77	80	66	3	21	5	0	1	17	0	0	1	12	1	7	.318
通算	実働22年	2586	10033	8716	1175	2480	**487**	38	171	1037	135	91	69	1086	66	1007	.285

※各年度の太字はリーグ最高、通算の太字は歴代最高

タイトル・表彰・個人記録

・新人王(1988年)
・ベストナイン2回(二塁手:1996年/三塁手:2004年)
・ゴールデングラブ賞5回(遊撃手:1988年/二塁手:1995~97年/三塁手:2003年)
・月間MVP:3回(2002年6月、2004年5月、2004年6月)

日本球界歴代1位

・通算最多二塁打:487本
・シーズン30二塁打以上:7度
・サヨナラ満塁本塁打:2度(タイ記録)
・1試合5安打:5度(タイ記録)

[著者プロフィール]

立浪和義　Kazuyoshi Tatsunami

1969年8月19日生まれ、大阪府摂津《せっつ》市出身。PL学園高校－中日ドラゴンズ（88〜2009年）。小学4年生から「茨木ナニワボーイズ」で野球を始める。87年、PL学園の主将として甲子園春夏連覇を果たす。同年オフのドラフトで中日に1位で指名され、入団。背番号3。88年、開幕戦から2番ショートでフルイニング出場。華々しいデビューを飾る。その年のチームのリーグ優勝に貢献し、新人王（高卒1年目の受賞はセ・リーグの野手初）とゴールデングラブ賞（高卒新人としては初）を受賞。以降も、セカンドでの連続無失策712回というセ・リーグ記録（当時）を樹立するなど、巧打や好守で活躍。中心選手としてチームを引っ張り、03年7月5日対巨人戦（東京ドーム）で通算2000安打を達成。07年オフより打撃コーチを兼任したのち、09年に惜しまれつつ引退。通算成績は、2586試合出場、打率.285、2480安打、171本塁打、1037打点。487二塁打は、現在も日本プロ野球記録として残っている。ベストナイン2回（96、04年）、ゴールデングラブ賞5回（88年ショート、95〜97年セカンド、03年サード。3ポジションでの受賞は史上最多）。引退後は解説者の道に進み、さわやかな語り口と理論的な分析で、好評を得ている。13年、第3回WBC（ワールド・ベースボール・クラシック）の日本代表に、打撃コーチとして参加。著書に、『攻撃的守備の極意 ポジション別の鉄則&打撃にも生きるヒント』『長打力を高める極意 強く飛ばすプロの技術&投手・球種別の攻略法』『二遊間の極意 コンビプレー・併殺の技&他選手・攻撃との関係性』『野球センスの極意 走攻守・バッテリー能力&マルチなセンスの磨き方』（いずれも、廣済堂出版刊）など多数ある。

[対談パートナー プロフィール]

坂本勇人　Hayato Sakamoto

1988年12月14日生まれ、兵庫県伊丹市出身。右投右打。186cm83kg。光星学院（現八戸学院光星）高校－巨人（2007年〜）、背番号6。06年オフの高校生ドラフト1巡目指名で巨人に入団。ルーキーイヤーの07年に一軍デビューし、翌08年開幕戦で、巨人では松井秀喜以来の十代での開幕スタメン入り（8番セカンド）。シーズン途中でショートに移り、セ・リーグ初の高卒2年目全試合スタメン出場。以降、12年の最多安打に続き、16年には首位打者と最高出塁率のタイトルに輝く。そのほか、ベストナイン3回（09、12、16年）、ゴールデングラブ賞2回（16、17年）。15年から、巨人の主将を務める。13年、17年にはWBC（ワールド・ベースボール・クラシック）に出場。強打巧打の打撃はもちろん、華麗な守備も誇る、球界を代表するスター選手。17年に1500安打、18年に300二塁打を達成。

MASTERS METHOD

打撃力アップの極意

技術・メンタルの高め方&打撃開眼・投手攻略の秘策

2018年9月15日　第1版第1刷

著者　立浪和義

協力　株式会社 T-WAVE

対談協力　坂本勇人　株式会社 読売巨人軍

制作協力　株式会社 ベースボール・マガジン社
企画・プロデュース　寺崎江月(株式会社 no.1)
構成　市瀬英俊　大利実
写真　榎本郁也(私服対談写真)　石川耕三(私服打撃フォーム・プロフィール写真)
ベースボール・マガジン社(立浪和義ユニフォーム写真)　産経新聞社(その他ユニフォーム写真など)
装丁・本文デザイン　有限会社 デザインコンプレックス
デザイン協力　南千賀
DTP　株式会社 三協美術
編集協力　長岡伸治(株式会社 プリンシパル)　浅野博久(株式会社 ギグ)
根本明　松本恵
編集　岩崎隆宏(廣済堂出版)

発行者　後藤高志
発行所　株式会社 廣済堂出版
〒101-0052 東京都千代田区神田小川町2-3-13 M&Cビル7F
電話　編集 03-6703-0964／販売 03-6703-0962
FAX　販売 03-6703-0963
振替　00180-0-164137
URL　http://www.kosaido-pub.co.jp
印刷所・製本所　株式会社 廣済堂

*本書は、2011年2月に刊行された『立浪和義 超打撃術』(ベースボール・マガジン社)をもとに大幅に加筆・修正・データ更新し、新たな写真・図版等も追加。『週刊ベースボール』(同社)2018年12月4日号・11日号掲載の『スペシャルトーク 達人たちの「超野球論」 坂本勇人×立浪和義』前編・後編も加え、再構成したものです。

ISBN978-4-331-52181-6 C0075

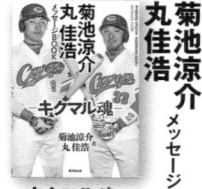

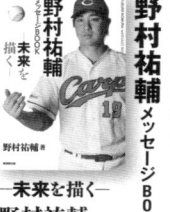

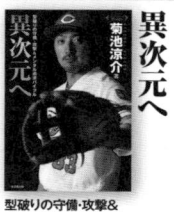

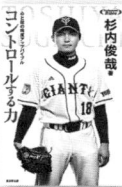

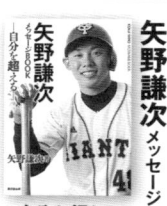

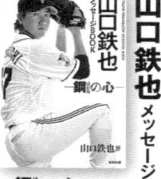

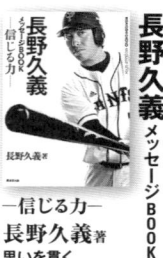

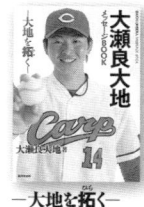

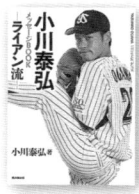

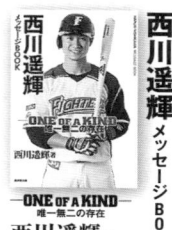

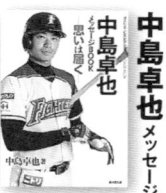

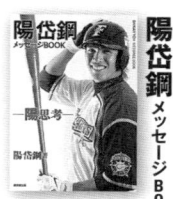

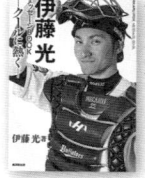

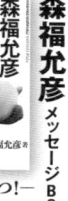

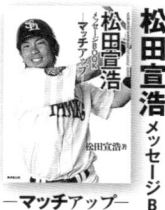

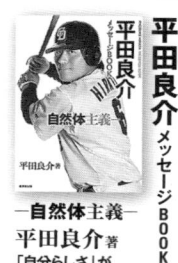